KB217042

알렌 크라이더
Alan Kreider

초기 기독교의 예배와 복음전도

Worship and Evangelism in Pre-Christendom

허현 옮김

선교의 변질

보쉬의 『변화하는 선교』에 대한 비평

Beyond Bosch: The Early Church and the Christendom Shift

고학준 옮김

이 책은 2007년 KAP에서 출판한 『초대교회의 예배와 전도』를 확대수정한 것입니다.
새롭게 추가한 저자의 논문 「선교의 변질」은 고학준이 우리말로 옮겼습니다.

초기 기독교의 예배와 복음전도

지은이 알렌 크라이더(Alan Kreider)
옮긴이 허 현 | 고학준
초판 2019년 4월 21일
초판3쇄 2024년 11월 4일

펴낸이 배용하
책임편집 배용하
등록 제364-2008-000013호
펴낸곳 도서출판 대장간
www.daejanggan.org
등록한곳 충남 논산시 매죽헌로 1176번길 8-54
대표전화 전화 041-742-1424 전송 0303-0959-1424

분류 교회사 | 초기 기독교
ISBN 978-89-7071-471-4 03230
CIP제어번호 CIP2019014464

값 10,000원

차례

추천의 글 · 9~12

역자 서문 · 13

감사의 글 · 19

초기 기독교의 예배와 복음전도

제1부· 초기 기독교의 성장

1. 들어가기 · 23
2. 초기 기독교는 얼마나 성장했는가? · 25
3. 복음전도 없는 예배 · 29

제2부 · 초기 기독교의 예배와 복음전도의 상관관계 · 33

4. 예배: 잠긴 동산 가꾸기 · 35
5. 예수를 닮은 특징 · 37
6. 새로운 세상에 대해 배우기 · 40
7. 속박으로부터의 해방 · 43
8. 사회를 포용하는 공동체 · 48
9. 평화의 공동체 · 51
10. 자비를 통한 증거 · 54
11. 신앙문답교육: 새로운 세계의 건설 · 58
12. 새로운 역사 · 62
13. 새로운 생활양식 · 64
14. 세례: 새 노래 부르기 · 67

제3부 · 초기 기독교 예배: 삶을 구별되게 하는 예배 · 71
15. 평화의 입맞춤: 평등과 평화 만들기 · 73
16. 기도: 한마음으로 중보기도하기 · 78
17. 성찬: 다양한 목소리의 축제 · 80
18. 연보: 나눔의 백성 만들기 · 84
19. 설교: 그리스도인에 대한 권면 · 87
제4부 · 크리스텐덤의 도래 · 95
20. 교회 성장과 신앙문답교육의 쇠퇴 · 98
21. 예배의 확대 · 101
22. 평화와 그리스도인의 정체성에 대한 크리스텐덤의 이해 · 103
23. 크리스텐덤 이후의 예배와 복음전도 · 106
후주 · 108

선교의 변질

보쉬의 『변화하는 선교』에 대한 비평 · 127
후주 · 166
역자 후기 · 171

초기 기독교의 예배와 복음전도

Worship and Evangelism in Pre-Christendom

알렌 크라이더(Alan Kreider)

허현 옮김

- **크리스텐덤**(Christendom)은 문화적 의미로는 전 세계의 그리스도인 공동체를 의미하며, 역사적 혹은 지정학적 의미로는 기독교가 주류인 나라, 기독교가 지배하는 나라를 말한다. 하나님과 그리스도가 교회를 통해 세상을 통치하시고 교회를 보호한다는 전제로, 교회가 주류로서 세상 문화를 주도해 나가려는 현상이다. 원래는 교황제도가 발전하며 생긴 중세적 개념이다. 하지만 저자는 콘스탄티누스 황제가 기독교를 공인한 이후 일어난 변화부터 크리스텐덤의 범주로 본다. **기독교국가체제(계), 기독교국가사회, 기독교세계, 기독교제국주의, 기독교왕국** 등 다양하게 번역할 수 있으나 본래의 포괄적 의미를 축소하지 않기 위해 '크리스텐덤'으로 번역한다.

- **신앙문답교육** : 원문의 ***catechesis***는 기독교인이 되기 위해 교리와 행동지침을 훈련받는 과정과 이를 이수하는 *caterchumen*은 대상자를 뜻한다. 통상적으로 '교리문답'과 '교리문답자'로 번역하지만, 원어의 뜻보다 축소되어 사용되는 점을 고려해 이 글에서는 각각 '**신앙문답교육**'과 '**신앙문답교육생**'으로 번역한다.

- **성찬** : 원문의 ***eucharist***는 성만찬과 성찬식의 의미를 다 포함하고 있다는 것을 드러내기 위해 이 글에서는 **성찬**이라고 번역한다.

추천의 글1

지금처럼 기독교가 안팎에서 급진적 변화에 직면했던 적이 과연 역사에서 몇번이나 있었을까? 서양과 우리나라에서 기독교는 오랫동안 국가의 전폭적 지원 하에 독점적 특권적 지위를 향유해왔다. 그러나 그런 황금시대는 이제 저물고, 세속화의 광풍 속에서 묵시적 미래에 대한 암울한 진단이 확산되고 있다. 이런 시대적 현실은 흥미롭게 초기 기독교에 대한 진지한 관심과 탐구를 자극하고 있다. 현재 기독교의 현실이 초기 기독교의 현실과 여러 면에서 유사하다는 판단하에, 현재 직면한 난제들의 해법을 그 안에서 발견할 수 있으리란 소박한 그러나 매우 진지한 기대 때문이다. 이런 맥락에서, 알렌 크라이더의 「초기 기독교의 예배와 복음전도/선교의 변질」은 위기에 처한 현재 교회와 초대 교회를 이어주는 소중한 역사적 유산, 신학적 통찰, 그리고 목회적 지혜로 가득한 소중한 선물이다. 절체절명의 위기 속에서 복음의 실체를 온몸으로 살아낸 신자들과 그들의 공동체의 진면목을 풍성한 역사적 사료를 통해 정직하고 감동적으로 복원하고, 4세기 이후 형성된 크리스텐덤 체제 속에서 교회의 존재론적 변화를 날카롭게 분석함으로써, 21세기 기독교가 반드시 기억해야 할 역사적 교훈과 당차게 시도해야 할 시대적 사명을 웅변적으로 제시한다. 이 시대 그리스도인들이 결코 놓치지 말아야 할 필독서다.

배덕만 교수 〈기독연구원 느헤미야 전임연구위원〉

추천의 글2

알렌 크라이더 박사의 저서『초기 기독교의 예배와 복음전도』는 AD 313년에 콘스탄티누스 황제가 기독교를 공인하여 기독교가 세속화되기 이전까지 초기 기독교 공동체가 얼마나 생명력이 있었으며 또한 그러한 생명력을 어떻게 유지할 수 있었는지를 보여주는 귀중한 초기 기독교의 증언들을 담고 있다. 대부분의 교회사가 콘스탄티누스의 기독교 공인을 기독교의 승리로 보고, 로마의 기독교화가 지상의 하나님 나라의 구현이라고 기술하고 있는 반면에, 크라이더 박사는 로마제국의 강권적인 기독교국가 체계화가 기독교를 오히려 복음의 본질에서 멀어지게 한 것이라고 지적한다. 초기 기독교의 복음전도가 입으로만 복음을 전하는 단순한 전도 일변도가 아니었고, 초기 기독교의 복음전도의 능력은 오히려 성도들의 산상수훈의 삶을 살아내는 철저한 제자도에 있었으며, 그러한 증거가 사람들을 더욱 기독교로 이끄는 매력이었다는 점을 초기 기독교의 여러 문헌들을 통해 자세히 증언하고 있다.

그 밖에도 이 책은 초기 기독교의 예배 처소와 예배 방식의 자세한 기술, 초기 기독교의 제자 훈련 과정, 그리스도인의 구별된 삶의 방식, 그리스도인의 사회 참여와 평화, 기독교가 국가교회화 되면서 일어난 세속화 등의 내용을 포괄하여 다루고 있다. 이러한 점에서 비록 많은 분량의 초기 기독교사는 아니지만 일반 초기 기독교사 서적에서 거의 찾아볼 수 없거나 간과하고 있는 매우 귀중한 사료들을 담고 있다는 점에서 이 책의 가치를 찾을 수 있다.

알렌 크라이더 박사는 2003년 4월에 한국 아나뱁티스트 센터의 초청으로 한국을 방문했을 때 여러 신학교와 교회에서 초기 기독교의 복음에 대한 여러 차례의 강의를 통해 한국교회에 소중한 영향을 끼쳤다. 본인도 역시 알렌 크라이더 박사와 교제하면서 귀한 학문적 통찰과 영적인 유익을 얻은 바 있다. 이 책이 물량주의, 성장지상주의로 치닫고 세속화된 교회의 풍토 속에서 초기 기독교로 돌아가길 원하며 참된 기독교를 갈망하는 모든 성도들에게 소중한 안내서가 될 것이라고 확신하며 일독을 권하는 바이다.

김현진 목사 〈사귐의 교회〉

역자 서문

『초기 기독교의 예배와 복음전도』 한국어 번역 초판이 나온지 십년이 훌쩍 넘었습니다. 아직도 이 책을 찾는 독자들이 있다는 것은 번역자로서 큰 기쁨입니다.

지난 10여년 간 한국교회 지형도에 급격한 변화가 있었습니다. 대다수 교회는 맘몬, 국가주의, 가족이기주의에 점령당해 영적이고 도덕적인 힘을 잃었습니다. 세상과 다른 하나님 나라의 가치를 살아냄으로써 선지자 역할을 하는 교회들을 찾아보기 어렵습니다. 세상 문화에 길들여진 교회의 행태에 낙심해 예수 신앙을 간직한 채로 교회를 떠나는 사람들이 급격히 늘었습니다. 복음전도는 고사하고 교회가 전하는 메시지는 사회 속에서 점점 더 주변화marginalized 되고 있습니다.

역자의 삶에도 큰 변화들이 있었습니다. 책이 출간되고 2년 쯤 뒤에 미국으로 이민을 왔고, 벌써 10년이 되었습니다. LA에서 교회 개척, 평화센터, 백인교회 목회를 하면서 교회에 대한 이해가 더 깊고 넓어져야 함을 절감했고, 그 때 마다 다시 이 작은 책을 집어들었습니다. 이 책은 제 가슴에 '이런 교회를 개척하고 싶다'는 불을 지펴준 책이기도 했고, 한국교회의 상황을 이해하는 데도 큰 도움을 주었기 때문입니다.

1세기 전문 역사학자인 알렌 크라이더가 이 책을 통해 말하고 싶어하는 것은 무엇일까요? 그 질문에 답하기 위해 우리는 그의 역사 프레임을 먼저 이해해야 합니다. 그는 교회사를 크게 세 시기로 구분합니다. 크리스텐덤Christendom이 시작되어 위세를 떨친 4세기부터 20세기 중반까지 1500년의 기간을 중심으로 그 이전pre-Christendom era과 이후post-Christendom era로 나누었습니다. 마치 미국과 한국에서 9/11 테러와 4/16 세월호 참사가 현대사의 분기점으로 회자되는 것과 비슷합니다. 큰 차이라면, 9/11과 4/16은 단발적 사건이지만, 크리스텐덤은 1500년 이상 서구국가들과 기독교를 지배해 온 가장 큰 시스템이며, 그 영향력이 근대선교운동을 통해 비서구권 교회들에게까지 미치고 있다는 점입니다.

이러한 구분은 역사를 지극히 단순화 시킨다는 비판도 적지 않습니다. 하지만, 여기서 크라이더가 강조하려는 것은 크리스텐덤이 교회에 미친 영향력이 그만큼 크다는 것입니다. 교회와 국가의 결혼으로 비유되는 현상, 곧 교회와 국가가 서로의 권력을 의지하게 된 이러한 변화를 기독교 핵심의 변질이라고 비판하였습니다. 요점은 교회가 권력, 특히 국가권력에 결탁함으로 변질되었다는 점입니다. 핍박받는 교회에서 핍박하는 교회로, 제국에 위협적인 소수자 그룹에서 기득권을 옹호하는 다수의 국가교회로 변절되었습니다. 그러한 교회는 십자가에 달리신 하나님, 죽임당한 어린양의 파워를 제대로 이해하지 못하며, 그러기에 그 예수를 따를 수도 없게 됩니다.

대부분의 주류교단mainline churches 학자들은 이러한 크리스텐덤에 대한 비판을 무시하거나 인정하려 하지 않습니다. "그럼, 크리스텐덤에서는 선한 것이 없었냐?" "다 지나간 일을 가지고 이제와서 재고할 가치가 있느냐?" "초대교회가 얼마나 문제가 많았는지 아느냐?"하는 비판들이 주를 이룹니다. 하지만, 체제에 대한 비판과 그 체제에 살았던 사람들에 대한 평가는 다른 논점이며, 더 나아가 크리스텐덤의 영향력이 아직도 지속되고 있는 것을 보면, 그러한 학자들은 앨런 크라이더가 제기하는 문제의 핵심을 제대로 파악하지 못하고 있는 것처럼 보입니다.

서구는 20세기 중반을 지나면서 크리스텐덤 이후 시대에 접어

들었지만, 여전히 신학, 목회, 선교, 예배 등 모든 영역에 있어서 그 체제의 긴 그림자 아래 살고 있습니다. 비서구권 교회들은 역사상 기독교국가였던 적이 없는지라 거리가 먼 것처럼 보이지만, 크리스텐덤 교회론이 근대선교운동을 통해 서구로부터 전해지면서, 지구촌 대부분의 교회들 또한 그 긴 그림자 아래 있다고 할 수 있습니다. 교회에 출석은 하지만 예수를 따르는 삶과는 거리가 먼 명목상의 그리스도인들, 성공하여 높은 자리에 올라가 세상을 변혁시키겠다는 성공지향적인 교인들과 교회들이 바로 그러한 긴 그림자의 영향이라고 할 수 있습니다. 우리는 이것을 기능적 크리스텐덤이라고 부릅니다.

한국 상황에서는 이렇게 말할 수 있을 겁니다. 한 국가를 초토화시켜버린 사기꾼이 여전히 교회 장로로 남아 치리도 받지 않고 있다는 것은 한국교회의 수치이며, 그 권력에 줄대기 위해 교회를 출석하는 명목상 그리스도인들이 교회에 리더십이 되어 하나님 나라의 가치를 물타기하는 것이 바로 크리스텐덤, 곧 권력과 결탁한 교회의 전형적인 모습입니다.

권력을 누리며 기득권 층의 종교로 자리잡은 기독교가 서서히 힘을 잃어가고 있는 크리스텐덤 이후의 시대를 우리는 살아가고 있습니다. 이러한 역사적 상황 속에 있는 교회가 크리스텐덤이 시작되기 이전 시대의 교회로부터 배워야 하는 것은 논리적 귀결이며, 이것이 이 책을 저술한 알렌 크라이더의 목적입니다. 한국 독자에게 익숙한 단어를 선정하느라 "초기 기독교"라 제목을 붙였지만, 이 책의 영문 제목은 *Worship and Evangelism in Pre-Christendom* 입니다. 알렌 크라이더는 이 책을 통해 크리스텐덤 이전의 교회를 단순히 따라하는 것이 아닌 그들로부터 영감을 얻어 맘몬과 국가와 자기 배를 섬기는 길에서 돌이켜 그 예수를 따르라고 역설하고 있는 것입니다. 그렇습니다. 죽임당한 어린양, 그러나 유다 지파의 사자와 같이 서서 통치하시는 그 예수가 진정한 권세를 가지신 왕이십니다.

이 책이 영문으로 출간된 1995년 이후에 쓰여진 알렌 크라이더의 글과 책들을 함께 읽으시면서, 이 작은 책이 다 담지 못한 보다 구체적인 내용들을 숙고해 보시길 제안합니다. 그 중 몇 가지

자료를 소개하며 글을 마칩니다.

『회심의 변질』, *The Change of Conversion and the Origin of Christendom*(대장간, 2012)

Origins of Christendom in the West (Bloomsbury T&T Clark, 2001)

허 현

감사의 글

이 글은 1994년 2월 영국의 미들섹스Middlesex, 노스우드Northwood의 런던바이블칼리지London Bible College 현 London Theological Seminar에서 했던 '렝 강의Laing Lecture'에 기초한 것이다. 필자를 초청하여 강의할 수 있게 배려해준 런던신학대학교의 총장 피터 커트렐Peter Cotterell 박사에게 다시 한 번 감사드린다. 이 책은 「복음의 소리 *Vox Evangelica*」 24호1994 7-38쪽에 실렸던 원고로, 이제 허락을 받고 다시 간행한 것이다. 책의 내용은 그때 이후로 늘어났고 폭넓게 수정되었지만 문체는 강의한 형태로 남아 있다. 각 장의 제목을 상세하게 첨가하여 주제별로 구분을 쉽게 했지만 그로 인해 원본의 흐름이나 일관성에 영향을 미치지 않도록 노력했다.

이 자리를 빌어 많은 대화를 통해 참고도서에 관한 귀중한 조언을 해준 목사이자 교수인 폴 브래드셔Paul Bradshaw에게 감사드린다. 아울러서 아니타 스타우퍼Anita Stauffer 목사, 에버렛 퍼거슨Everett Ferguson 교수, 윌라드 스와틀리Willard Swartley 교수, 그리고 에오인 드 발드라데Eoin de Bhaldraithe 신부 등 세부적인 비평을 해준 학자들에게 또한 감사드린다. 나의 아내 엘리노어 크라이더 Eleanor Kreider 역시 항상 충고와 비평을 아끼지 않았다. 우리는 예배, 전도, 교회의 사회적 증거, 그리고 초기 기독교에 대한 이야기를 함께 나누었다. 이 모든 분들께 진심으로 감사드린다. 그 밖에 이 책에 남아 있는 오류나 결점이 있다면 모두 필자의 책임이다.

알렌 크라이더

제1부
초기 기독교의 성장

1. 들어가기

크리스텐덤 이전pre-Christendom의 초기 기독교가 성장했다는 진술은 논쟁의 여지가 없는 분명한 사실이다. 2세기 후반 디오그네투스Diognetus가 받은 서신에는 "그리스도인의 수가 날마다 점점 늘어가고 있다."라고 적혀 있다. 3세기 중반의 오리겐Origen도 "믿음으로 나아오는 수 많은 사람들"이라는 표현을 확신을 갖고 쓸 수 있었다.[1]

로마제국 전역을 자세히 관찰한 사람들은 교회 성장의 증거를 발견했다. 당시 로마의 초대교회들은 문자 그대로 가정교회였다. 신자들은 부유하지 않았지만 자신들의 주택 제일 큰 방에서 모였고 참석 인원은 15명에서 20명을 크게 넘지 않는 수준이었다.[2] 그러나 3세기 중반까지 그리스도인의 수와 그들의 경제적 수준은 향상되었다. 그로 인해 인슐레insulae- islands라는 주상복합 건물에서 만났던 그리스도인들은 자신들의 개인 주택을 회중의 필요에 맞는 다목적 공간으로 조심스럽게 전환하기 시작했다. 그리스도인들은 자신들의 공동체가 성장함에 따라 생활에 필요한 크고 작은 다양한 공간을 마련하기 위해 벽을 허물기도 했다. 이에 관해 건축사가 리처드 크라우트하이머Richard Krautheimer는 동시리아의 두라 유로포스Dura Europos에 있는 유명한 가정교회인 도무스 에클레시아domus ecclesiae뿐 아니라 로마의 티툴루스 비잔티스titulus Byzantis 등의 유명한 건축물은 모두가 '화려하지 않은 공동체 센터'였다고 말했다. 그리스도인들의 생활은 여러 면에서 여전히 가정 안에 머물렀지만 건물은 공동체 생활을 위해 확장되었으며, 그것은 곧 공동체 구성원의 수를 반영하기도 하였다.[3] 그러나 오리겐은 가이사랴Caesarea에 있는 건물 같은 경우 목회와 교회 성장을 위한 장소로 사용하기에는 여러 문제가 있다고도 지적했다. 오리겐은 몇몇 사람들이 설교 시간에 말씀을 듣지 않고 놀며 "주님의 집 한쪽 구석에 숨어서 세속적인 이야기를 했다."라고 불평했다.[4]

2. 초기 기독교는 얼마나 성장했는가?

초기 기독교가 성장했다는 사실과 그 성장이 어느 정도였느냐에 대해 아는 것은 또 다른 문제다. 예일대학교의 고대사학자인 램지 맥멀렌Ramsay MacMullen은 초기 기독교의 '성장 규모'가 1세기 말부터 콘스탄티누스 황제Emperor Constantine가 회심한 312년까지, '매 세대마다 약 50만 명씩' 증가했다고 추산했다. 맥멀렌에 의하면 그 당시까지 초기 기독교는 로마제국 전역에 걸쳐 불균등하게 분포하고 있었으며 전체 인구의 5퍼센트에서 8퍼센트 정도의 비율을 차지했다고 한다.[5] 그러나 초기 기독교의 성장이 더 높은 비율이었다는 기록도 있다. 엘랑엔Erlangen의 볼프강 비쉬마이어Wolfgang Wischmeyer 교수는 최근 연구에서 그리스도인의 수가 놀랍게도 로마제국 전체 인구의 20퍼센트에서 50퍼센트를 육박했을 것이라고 주장했다. 그러나 이것은 소아시아 일부 지역에서만이라면 몰라도 로마제국 전체를 놓고 보면 너무 높은 수치다.[6] 현재까지의 연구 결과로 봐서 그것은 너무 과장된 수치임에 틀림없다.

학자들이 그리스도인의 인구 비율을 어떻게 추산하든지 초기 기독교의 성장이 주목할 만했었다는 것은 사실이다. 왜냐하면 당시의 초대교회는 기독교의 성장을 억제하는 요인이 있었는데도 불구하고 성장했기 때문이다. 그러나 초기 기독교 그리스도인들에게 생명을 위협하는 박해가 항상 있었던 것은 아니다. 많은 그리스도인들이 그런 박해를 직접적으로 경험하지는 않았다. 모든 그리스도인들은 로마제국의 칙령이나 지역적 위기로 인해 공동체를 집어삼킬 만큼 위협적인 박해가 언제라도 일어날 수 있다는 것을 알고 있었다. 그래서 그리스도인들은 동료 순교자들의 행적을 후대에 전했으며 순교한 날을 기리고 그날을 진정한 의미에서의 그리스도인의 '생일'로 여겼다. 터툴리안Tertullian의 표현에 따르면 그리스도인들의 가정교회는 방책으로 둘러싸였는데 실제로 그리스도인들이 비밀 모임에서 죄수들을 숨겨주었기 때문에 그들은 포위당하고 공격받았으며, 오리겐이 전해준 바와 같이 건물까지도 불태워졌다.[7] 초기 기독교의 모든 그리스도인들은 언젠가는 죽음을 직면해야 한다는 사실을 알고 있었다.[8] 다시 말해서 어떤 사람이 편안한 삶을 살기를 원한다거나 높은 지위를 갖는 사람으로서 출세하기를 원한다면 그리스도인이 되어서는 안 되었다.

그런데도 불구하고 사람들은 그리스도인이 되었다. 왜 그랬을까? 최근의 역사가들은 과거에 많은 사람들이 중요하다고 생각했던 모든 이유들을 배제하고 초기 기독교의 역사 연구에 관한 새로운 호기심을 갖게 되었다. 예를 들면 일반 대중 설교의 경우, 아서 다비 넉Arthur Darby Nock은 당시에는 일반 대중을 향한 직접적인 설교는 거의 없었음을 강조했다. 너무 위험했기 때문이다.[9] 아니면 선교를 위해 회중을 조직화하는 일은 어땠을까? 게오르그 크레츠마르Georg Kretschmar는 선교mission를 위해 새로운 신도를 모집하는 일은 한 번도 조직화된 적이 없었고 외부와의 관계에서는 어떤 엄격한 규칙도 발견되지 않은 반면, 그리스도인들의 공동체 생활에는 분명한 체계가 있었다고 말했다.[10] 이교도의 회심을 위한 기도는 어떠했는가? 이브 콩가르Yves Congar는 초기 기독교 그리스도인들은 자연인들의 번영과 안녕을 위한 기도는 했지만 그들의 회심을 위해서 기도한 적은 거의 없었다고 말했다.[11] 사실 필자가 연구한 바로도 초창기부터 이어져 내려온 그리 많지 않은 회심을 위한 기도조차도 11번 중에서 8번의 기도가 예수님의 명령에 순종해서 드린 원수와 박해자를 위한 기도였다.[12] 선교의 명백한 본질을 신학적으로 논한 노버트 브럭스Norbert Brox는 초기 기독교에 선교에 대한 성찰reflection이 없었다는 것은 대단히 놀랄 만한 일이라고 했다.[13] 이렇게 놀라운 발견에 필자가 한 가지 덧붙이고 싶은 것은 복음전도evangelism에 대한 목회적 권고가 없었다는 사실이다. 북아프리카의 주교이자 순교자였던 키프리안Cyprian은 그의 저서 『에드 큐리넘*Ad Quirinum*』에서 이를 잘 기록하였다. 그의 책 중 제3권은 새신자들을 위한 신앙생활에 필요한 교본으로서 120문항의 거룩한 교훈을 담고 있다. 그 책은 그리스도인의 관심사를 총망라하고 있는데 거기에는 형제들끼리 서로 도와야 하고 그리스도인은 항상 깨어서 기도해야 한다는 등의 내용은 있지만, 전체 교훈 중에서 불신자들에게 복음전도를 촉구하는 내용은 단 한 구절도 없었다.[14]

3. 복음전도 없는 예배

이것은 초기 기독교의 성장을 저해했을 만한 아주 특징적인 요소다. 그러나 필자는 초기 기독교가 성장 할 수 있었던 아주 중요하고도 흥미로운 이유를 발견했다. 초기 기독교는 그 예배가 매력적이었기 때문에 성장한 것이 아니었다.[15] 그 이유는 간단하다. 1세기 중반 이후부터 그리스도인들은 이교도들이 예배에 참석하는 것을 허용하지 않았다. 비기독교인은 새신자가 되기 위해 신앙 입문에 필요한 문답에 기꺼이 응해야 했고, 그리스도인으로서 공동체의 구성원이 되는 데 필요한 훈련을 기꺼이 받을 때까지는 예배 처소의 입구에 들어서는 것조차 허락되지 않았다. 게다가 세례를 받기 전까지는 예배 중의 말씀성경 강독과 가르침을 듣는 것에만 참석할 수 있었다. 그들은 친교 의식인 기도와 성찬의 정점을 이루는 평화의 입맞춤kiss of peace이 진행되기 전에 예배 장소를 반드시 떠나야만 했다. 한 역사학자는 초기 기독교의 예배가 '보이지 않는 지뢰밭'으로 둘러싸여 있다고까지 말했다.[16] 그 당시의 비평가인 셀수스Celsus와 세실리우스Caecilius도 각각

'그리스도인들은 비밀 단체'라고 말했다. "그리스도인들의 예배가 범죄 성격을 띠거나 수치스러운 것이 아니라면 왜 그들은 공공장소에서는 절대 말하지도 않고 회합을 가지지도 않는지 모르겠다."고 했다.[17]

물론 처음에는 이교도들도 예배에 참석할 수 있었다. 바울은 고린도전서 14장에서 열정적인 신자들에게 "무식한 자들이나 믿지 아니하는 자들이 들어와서 너희를 미쳤다 하지 아니 하겠느냐?" 고전 14:23 고 말하면서 그렇게 하지 않도록 처신을 잘 하라고 권고했다. 고린도 교회는 이교도들이 교회를 방문할 것을 분명히 기대했었다. 초기 그리스도인들은 이교도들의 비위를 맞췄고 그 예배가 "교화와 권유의 기능을 동시에 지니고 있던 유대인들의 회당 전통을 유지하고 있었다."[18] 하지만 60년대 중반 네로Nero의 박해 이후 초기 기독교는 외부인들을 제외시켜야 할 필요성을 느낀 것 같다. 초기 기독교 그리스도인들에게는 유대인들과는 달리 사회적으로 용인되는 규범으로부터 일탈된 하나의 미신superstitio으로 불렸다. 플리니Pliny가 트라얀Trajan 황제에게 보낸 회신을 보면 초기 기독교 그리스도인들은 '은밀한 범죄' 뿐 아니라 그 '이름'만으로도 처형을 받아야 하는 처지에 있었다.[19] 이러한 상황에서 그리스도인들이 외부인들에게 문을 닫아 건 것은 그리 놀라운 일이 아니다. 아무나 들어오도록 하는 것은 너무 위험한 일이었다. 기독교인들은 교리와 의식을 은밀히 행하고 가르친다.… 그들은 임박한 형벌을 피하기 위해 선의의 의도로 이렇게 한다.[20]

초기의 기독교 문헌을 살펴보면 이 점이 분명해 진다. 아테네Athens의 아테나고라스Athenagoras가 말한 바와 같이 그리스도인들은 '거짓 정보 제공자'들이 들어오는 것을 두려워했다.[21] 그래서 로마제국의 여러 지방에 있었던 신자들은 예배 참석에 합당한 사람만이 들어올 수 있도록 문 지키는 사람을 배치했다. 이런 사실은 4세기 중반에 쓰여진 『우리 주님의 약속*Testament of our Lord*』에 나오는 집사의 주된 책무 중 하나가 교회의 경비원ecclesiastical bouncer이었다는 사실로 잘 묘사되어 있다.

> 성소에 들어오는 사람을 잘 살피고 지켜보게 하라. 그들이 누구인지 조사하고 양인지 늑대인지 분별하게 하라. 자격 있는 사람만 들어오게 하라. 그렇지 않고 첩자가 들어온다면 교회는 감시받게 될 것이고, 그 죄는 그의 머리로 돌아갈 것이다.[22]

다른 교회의 규칙도 이와 비슷한 의무를 기술한다.[23] 이러한 사전 차단 과정의 견지에서 보면 오리겐이 가이사랴에서 설교할 때 회중들을 묘사한 것도 그리 놀랄 일은 아니다. 오리겐은 초신자와 헌신자, 여자와 남자, 어린이를 상대로 설교했지만 이교도는 단 한 사람도 없었다고 했다. 그들은 아예 그곳에 낄 수가 없었던 것이다.[24]

그러므로 초기 기독교 당시에는 예배와 복음전도 사이에 아무런 관계가 없었다. 교회의 예배가 외부인들에게 매력이 있느냐 없느냐는 문제가 되지 않았다. 예배는 외부인들을 위한 것이 아니었고 외부인들은 예배에 참석할 수도 없었다. 그러므로 필자가 준비한 지금까지의 이야기는 앞뒤가 서로 맞지 않는 불합리한 추론non sequitur처럼 들릴 수 있다.

제2부
초기 기독교의 예배와 복음전도의 상관관계

4. 예배: 잠긴 동산(Enclosed Garden) 가꾸기

그러나 필자는 아직도 예배와 복음전도 사이에 관계가 있다고 생각한다. 필자는 이교도들의 출입을 거절했던 예배가 교회의 확산에 매우 중요한 역할을 했다고 믿는다. 그것은 예배가 매력적이었기 때문이 아니라 그 의례와 의식이 의도적이든 직감적이든 예배자의 삶과 공동체에 큰 변화를 가져왔기 때문이었다. 초기 기독교의 예배는 새롭게 합류한 이교도들로 하여금 예수 그리스도의 삶을 따르는 구별된 사람으로서 새로운 삶을 살게 했다. 이렇게 새롭게 변화된 사람들의 삶은 그 자체가 매력적이었을 뿐만 아니라 자유로웠다. 사회적인 혼란과 속박, 특권층과 가난한 자들 간의 큰 격차, 삶의 가치를 손상시키는 중독과 강박 현상이 난무했던 시기임에도 불구하고 초기 기독교가 성장할 수 있었던 이유는 교회와 그 구성원들이 그리스도 안에서 생생하게 살아 숨쉬는 자유와 올바른 삶의 길을 발견했기 때문이었다. 필자가 계속 설명하겠지만, 이것이 바로 복된 소식good news이었고 또한 새로운 소식new news이었다. 그리고 이러한 초기 기독교 구성원들의 연합된 삶과 새로운 행동의 실천은 외부인들의 호기심을 자극했으며 기독교의 진리에 대한 의문을 갖게 하였다. 그들은 그리스도인들에 대해 '왜 저렇게 사는가?' 하는 의문을 품게 되었다.

초기 기독교의 그리스도인들은 자신들이 종종 특별한 장소로 안내받았다고 했다. 3세기 중반 카르타고의 주교 키프리안은 이 장소를 반복해서 '잠긴 동산'이라는 말로 표현했다.[1] 키프리안은 아가서 4장 12절을 인용하여 말하기를, 그리스도의 음성을 듣는 장면에서 "나의 누이, 나의 신부는 잠긴 동산[*hortus conclusus*]이요 덮은 우물이요 봉한 샘이로구나"라는 구절이 있다. 교회가 그리스도의 신부로서 잠긴 동산이라면 이교도와 세속인들에게 열어놓을 수는 없음을 뜻한다.[2] '닫혀 있기'에 외부인들이 쉽게 들어갈 수 없는 반면, '동산garden'이기에 그리스도와 함께 꽃피고 번성하는 생명이 있는 곳을 말한다. 키프리안과 다른 그리스도인들은 그리스도 안에서 공통으로 누리는 삶의 기쁨과 새로움을 반복해서 표현하고자 했다. 사람들은 새로운 백성이 되었고 그 안에는 어떤 신성함이 있었다. 그것은 '새로운 백성이자 새로운 삶의 방식'이었다. 그것은 '하나님의 나라'이고 '낙원'이었다. '성령께서 활발히 움직이시는 장소'였던 것이다.[3]

5. 예수를 닮은 특징

초기 기독교 그리스도인들이 깨달았던 새로움의 진수는 예수 그리스도의 완전한 신神인격적 가르침이었다. 예수님과 그분의 말씀은 사람들에게 좋은 소식이었다. 3세기 중반의 책인 『사도들의 가르침』에 따르면 예수의 가르침은 '통렬한 말씀'이었다.[4] 오리겐은 사람들이 예수님의 말씀에 이끌려 그분을 따랐다고 고백했다.[5] 저스틴Justin은, 예수님의 말씀은 "그 자체가 엄청난 힘을 지니고 있어서 정직의 길에서 멀어졌던 사람조차도 경외심을 느끼며 다시 돌아오게 할 수 있다."고 말했고 이를 성실히 실천하는 사람에게는 달콤한 안식을 주었다고 증언했다.[6] 그리스도인들은 이교도들이 예수님과 그분의 산상수훈의 말씀에 이끌렸다고 증거했다.[7] 어떤 저작에도 산상수훈의 말씀이 실행할 수 없는 지나친 명령이라고 나타나지 않는다.[8] 그리고 원수를 사랑하라는 예수의 가르침만큼 그리스도인들이 반복해서 가르친 내용도 없었고, 또 그만큼 이교도들이 깊이 생각했던 교훈도 없었다.[9] 그렇다면 이것은 초창기에 형성된 극단적인 신앙문답교육 전통의 일부였기 때문이었을까?[10] 아니면 그리스도인들이 적들에 둘러싸여 있는 환경에 나름대로 창의적으로 반응한 결과일까? 이 점에 대해서 현재로서는 알 수 없다.

우리가 알 수 있는 것은 초기 기독교의 많은 그리스도인들이 스스로 당시의 주된 가치관과 동떨어져 있다고 느꼈다는 점이다. 물론 그리스도인들은 늘 문화에 적응하는 과정 가운데 있었다. 자신들의 삶을 이해하고 이웃과 유대감을 표현하는데 사용되는 어휘, 시각적 이미지, 철학적 범주를 고전 문화에서 채택하고 적용했다. 만약에 그리스도인들이 그렇게 하지 않았더라면 어느 정도는 불가해성으로 인한 멸절의 위험을 감수해야 했을 것이다.[11] 그런데도 불구하고 브라질의 에두아르도 후르나에르트 Eduardo Hoornaert는 기독교 공동체에 참여하는 것은 '변두리를 향해 돌아서는 것conversion to marginality'[12]을 의미한다고 했다. 초기 그리스도인들이 반복해서 사용했던 말은 사회 법률학적 용어인 파로이코이*paroikoi*, 즉 '외국인 거주자'였다.[13] 모든 곳이 집이었지만 어느 곳도 집이 아니었다.

그리스도인들은 그리스도 안에서의 삶 때문에 전 세계적이고 구원사적인salvation-historical 중요성을 지니는 구별된 방식의 삶을 살아간다고 믿었다. 그리스도인들이 로마제국과 제국 밖의 다른 지역 사람들과 함께 나누었던 삶에는 보편적이고 전우주적인 무엇인가가 있었다. 그리고 중요한 것은 압박이 가해질 때면 그리스도께 대한 충성을 간결하게 “나는 그리스도인이다”라고 확언함으로써 자신들의 주된 정체성을 표현했다.[14] 터툴리안도 그리스도인의 충성하는 마음이 전 세계적 수준이라는 것을 발견했다. 우리는 우리가 전우주의 동일한 시민으로 존재한다는 것을 안다.[15] 그리스도 예수의 화평케 하시는 사역과 그의 제자들이 원수를 사랑하는 삶에 뿌리를 두는 이러한 세계 평화에 대한 비전은 이사야서 2:2-4과 미가서 4:1-4의 '칼을 쳐서 보습을' 만든다는 말씀에 잘 드러났고, 이 말씀은 초기 기독교 공동체들이 인용한 다른 어떤 구절보다도 더 빈번하게 사용된 말이었다.[16] 많은 저술가들은 이것이 그리스도의 전 세계적인 교회 안에서 이루어졌다고 믿었으며, 그것은 또한 유대인들이 오래 고대해 온 역사의 절정이기도 했다.[17] 이 비전의 순전함과 광대함은 명쾌하기까지 하다. 하나님께서는 확실히 모든 인류의 화해와 회복을 위한 거대한 구상의 한 부분으로서 개인을 구원하신다.[18] 이렇게 매우 주변인으로 보이는 기독교 공동체들이 스스로 매력적이라는 자신감을 갖고 있었다는 것은 하나의 작은 기적이다. 그리스도인들은 하나님께서 새로운 세계를 건설하는 데 자신들을 필요한 도구로 사용하신다고 믿고 있었다.

6. 새로운 세상에 대해 배우기

그렇다면 사람들은 그런 새로운 세상에 대해서 어떻게 배웠을까? 새로운 세상과의 첫 만남은 때때로 초기 기독교의 공동체들을 악평한 순교 사건에서 찾아볼 수 있다. 순교자들이 원형 극장에서 굶주린 곰에게 잡아먹히거나 불에 달군 철 의자 위에서 타 죽어갈 때 보여준 인내는 의학적으로는 도저히 설명할 수 없었다. 거기에는 처형당하기 전 평화의 입맞춤을 통해 명백히 드러난 사랑과 평등정신이 있었다.[19] 그들을 감시했던 간수들도 그리스도인들에겐 어떤 힘이 있다고 탄복했다.[20] 이러한 일련의 과정에서 기독교에 대해 전혀 생각해 보지 않았던 사람들조차도 그리스도인들에 대한 의문을 가지게 되었다. 리옹Lyons 대학살 당시 한 의심 많은 구경꾼은 "도대체 저 종교기독교는 무슨 유익이 있기에 목숨과도 바꾼단 말인가?"라고 반문했다.[21] 초기 기독교 그리스도인들은 순교자의 정절이 그들의 신앙에 대한 관심을 불러일으키게 한 이유들 중의 하나라고 계속해서 기술했다. 터툴리안은 공개적인 박해 속에서도 믿음을 지킨 그리스도인들이 이를 지

켜본 사람들에게 미끼였다고 증언했다.[22]

어떤 사람들은 이보다는 덜 생생한 방식으로 새로운 세상에 대해 배웠다. 예를 들면 일터에 새로 들어온 일꾼그리스도인은 자신이 속한 공동체가 옳게 사는 방법을 알고 있다고 조용히 소견을 말했을 때 인생이 그리 순탄치 않은 사람들에게는 그런 이야기가 신경에 거슬렸다기보다는 오히려 호기심을 불러일으키는 것이었다.[23] 상당수의 문헌들이 스스로 선교사라고 생각하는 사람이든 자신의 일에 따라 옮겨 다니는 단순한 그리스도인이든 순회하는 그리스도인들의 복음전도 사역에 대하여 조심스럽게 언급하였다. 일반 사람들은 연립주택에 함께 거주하는 자신들의 이웃을 통해 기독교에 대해서 배울 수 있었다.[24] 글렌 힌슨E. Glenn Hinson의 연구에 따르면, 대부분의 회심자들은 일상적인 접촉을 통해 기독교에 대해 알게 되었다.[25] 그리스도인들은 다른 이웃과 마찬가지로 대중 가운데 흩어져서 살았다. 그들은 다른 많은 사람들처럼 도시의 공동주택 사이의 긴 계단을 오르락내리락했을 것이다. 그리스도인들의 겉모습과 옷차림이 평범하고 남과 다를 바 없었기 때문에 일반 사람들은 때때로 그렇게 평범한 사람들이 그렇게 비범한 집단에 속해 있다는 사실을 알고 놀랐을 것이다.[26] "카이우스 세이우스Caius Seius, 그는 그리스도인인 것 말고는 좋은 사람이야!"라고 말할 정도였다.[27] 그리스도인들은 그렇게 이웃과 좋은 관계를 맺고 살면서도 가끔씩 자신들의 신앙에 대한 이야기를 꺼내기도 했다. 이교도였던 세실리우스는 혐오하는 어투로 "그리스도인들은 공공 장소에서는 조용했고 구석에서는 수군거렸다."고 평가했다.[28] 그러나 그리스도인들을 신뢰하기 시작한 사람들은 자신들이 갑자기 아프거나 자신들의 가정에 위기가 닥쳤을 때에는 자신들에게 물질적인 도움과 치유, 귀신을 내쫓기 위해 기도해 주었던 그리스도인들에게 아무 거리낌없이 달려갔다. 많은 이교도들은 자신들이 매여 있고 전반적으로 자유롭지 못하며, 자신보다 더 큰 사회적·영적 힘에 희생당하고 있다고 느꼈다. 그리스도인들은 귀신을 쫓아주면서 사람들이 마귀의 광기 공격뿐 아니라 '미혹'과 '망상'에서 자유로워지도록 도와주었다.[29]

이레니우스 같은 초기 그리스도인들은 축귀의 복음전도적 기능을 지적한 바 있다. "깨끗함을 입은 사람은 종종 그리스도를 믿는 경우가 있었고 교회의 일원이 되기도 했다."[30] 그리고 기독교가 이런 식의 귀신 쫓는 일을 통해 전파된 것이 분명하다면, 그 당시처럼 기적을 행하는 것이 경쟁적인 시대에는 기독교의 하나님이 다른 어떤 신보다도 더 강하다고 여겼기 때문일 것이다.[31]

7. 속박으로부터의 해방

하나님은 이방신들보다 훨씬 강했을 뿐 아니라 심원했다. 초기 기독교 당시는 실제로 자신들이 귀신에 눌려 있다고 생각하는 사람들이 있었다. 하지만 이런 눌림은 사회적인 영역들에 관한 것이었다. 그러한 눌림의 형태는 오늘날에는 중독이나 강박이라 할 수 있을 것이다. '속박으로부터 해방'은 '온 땅을 지배하는' 악의 세력으로부터 자유로워지는 것을 의미했다.[32] 이 문제에 관해 가장 명료하게 말한 사람은 AD 150년경 로마의 신앙문답교육 교사였던 저스틴이다. 저스틴은 자신의 학생들의 경험을 토대로 했을 것이 분명한데 '사람들을 종과 노예로 부리려는' 마귀의 행태에 대해 정확하게 파악하고 있었다. 하지만 그는 그리스도인들이 '말씀으로 설득받은 후에' 마귀와의 관계를 끊었다고 기술했다. 그들은 이제 예수 그리스도 안에서 하나님을 통해 삶의 네 가지 영역에서 자유를 경험하게 된다. 저스틴은 성적 유희에 탐닉했던 사람들이 이제는 금욕의 기쁨을 누리고 있다고 말했다. 주술에 중독되었던 사람들이 이제는 '선하시고 영원하신 하나님께 헌신했다.' 저스틴은 여기서 화자話者를 '사람들'에서 '우리'로 전환했다. 이는 자신과 다른 모든 그리스도인들이 함께 싸워 나가야 할 일반적인 사회악을 이야기하고 있음을 나타낸다.

> 전에는 부와 재산을 늘리는 일에 큰 기쁨을 느꼈던 우리가 이제는 가진 것을 공동 기금으로 모으고 필요한 사람들과 함께 나누고 있다. 전에는 서로 증오하고 죽이며, 다른 족속의 사람과는 풍습이 다르다고 절대로 상종도 하지 않았던 우리가 이제는 그리스도께서 나타내 보이신 후, 그분의 공정하신 명령을 따라 함께 살면서 원수를 위해 기도함은 이방인들도 우리처럼 그리스도께서 주신 좋은 소망을 함께 나누기 위함이다.[33]

저스틴은 생활수준 향상에 대한 열망과 외국인에 대한 혐오증으로 유발된 폭력 중독이 로마의 주민들에게는 아주 예사로운 일이었다는 것을 알고 있었다. 하지만 그리스도는 해방자이셨다. 예수는 궤변자가 아니었기 때문에 그분의 말씀은 짧고 간결했지만 그것은 하나님의 능력이었다.[34] 저스틴이 확신했던 바는 그리스도께서 십자가 위에서 이루신 사역이 마귀들의 몰락을 가져왔고,[35] 그분의 가르침은 사람들로 하여금 중독과 속박의 삶에서 자유를 누릴 수 있도록 했다는 것이다.

이런 자유를 경험한 사람의 좋은 예는 키프리안이다. 키프리안은 카르타고 출신의 귀족이었고 웅변가로서 미래가 보장된 사람이었다. 그는 청년시절에 높은 명성을 누렸고 생활방식은 그가 속한 계층의 전형적인 특징을 따랐다. 키프리안은 만족하지 못했다. 그는 자신보다 더 큰 어떤 권세를 직면할 때 무기력함을 느꼈다. 그 권세는 우리 자신의 물질적인 본성의 타락 곧 뿌리 깊은 습관과 추정을 말한다. 키프리안에게는 무엇이 속박이나 중독이었을까? 부의 축적과 소비 형태 그리고 사회적 지위가 지니는 서열에 따른 차별이라는 특질이었다. 그는 고뇌하면서 다음과 같이 말한다.

> 자유분방한 연회와 호화스러운 잔치에 익숙해져 있던 사람이 언제쯤 검약을 배울 수 있을까? 금과 주단으로 몸을 치장하고 비싼 의상을 자랑하던 사람이 언제나 평범하고 단순한 옷차림으로 돌아갈 수 있을까? 공인으로서 사람들의 존경을 받았던 사람이라면 아무 영광도 없는 일개 시민이 되는 것을 꺼린다. 부하들에 의해 둘러싸이고 수많은 비공식 수행원들에게 깍듯한 예우를 받던 사람이라면 혼자 있는 것을 처벌로 여긴다.36

어떻게 이런 강박증을 끊을 수 있었을까? 키프리안의 전기작

가인 폰티우스Pontius에 따르면, 키프리안은 세실리어스라는 의로운 사람과 친밀한 관계를 가졌다고 한다. 이 그리스도인 장로는 키프리안의 친구이자 영혼의 동료가 되었고 키프리안이 기독교 공동체의 일원이 되기 위해 노력하는 동안 확실한 후원자 역할을 했다.[37] 키프리안은 그곳에서의 강력한 경험을 조금 뒤에 논의하게 될 통해 훗날 주교와 순교자가 되는 '새로운 탄생'을 경험하게 되었다. 그리고 기쁘게도 '이전의 존재를 벗어 던질 수 있게 한 자유를 발견하게 되었다.'[38]

세실리어스가 키프리안의 친구가 되어준 것이 그가 신앙을 갖고 자유를 경험하게 만든 결정적인 요인이었다. 초기 기독교가 생기고 난 뒤에도 수많은 사람들이 그렇게 친구의 역할을 했다는 데에는 의심할 여지가 없다. 즉, 사회학자들이 반문화적인 종교 집단으로 사람들을 끌어들이는데 중심적인 역할을 했다고 주장하는 '정서적 결속 affective bonds'이 바로 여기서 작용했던 것이다.[39] 저스틴이 기술한 바에 의하면 이교도들은 구별된 방식으로 자유롭게 사는 그리스도인들에게 끌리면서 '폭력과 횡포에서 돌아섰다'고 한다. 이교도들은 그리스도인 이웃의 한결같은 삶을 지켜보거나 아니면 관계가 손상되었을 때 보여주는 기이한 인내심 혹은 사람들을 상대로 사업하는 방법을 경험하면서 그리스도인들에 대한 망설임을 극복할 수 있었다.[40]

남성들 보다 훨씬 더 여성들은 '정서적 결속affective bond'을 통해 복음전도에 적극적으로 참여했다.[41] 이는 교회 안에 초창기부터 있었던 여성 신도의 수가 압도적으로 많았다는 데에 부분적이나마 그 원인을 돌릴 수 있다.[42] 이것은 또한 여성들이 사람들의 말을 주의 깊게 듣고 그 질문에 친절하게 반응하는 능력을 지니고 있다는 사실을 반영하는 것이기도 하다.[43] 지금도 그렇지만 여성들의 주된 관심은 불가피하게도 이교신앙에 갇힌 것처럼 보이는 자기들 남편의 구원에 있었다.[44] 이러한 초기 기독교의 양상은 콘스탄티누스의 회심 이후 1세기 이상 지속되어 어거스틴의 시대까지 나타났다. 그는 다음과 같이 기록하고 있다. "아! 그대 세례의 부담을 두려워하는 남자들이여, 그대들의 아내들보다 훨씬 못미치는 구나. 정숙하고 헌신적인 신앙을 지닌 상당수의 여인들로 인해 교회는 자라났다."[45] 여성이든 남성이든 결코 다가갈 수 없을 것 같았던 그리스도인의 교회에 다가갈 수 있는 가장 보편적인 방법은 친구 관계였다.

8. 사회를 포용하는 공동체

그러나 또 다른 방법이 있다면 그것은 공동체의 길이었다. 그리스도인 각자가 개인의 자유를 차분히 드러낸 것처럼 그리스도인이 속한 모든 공동체 또한 분명한 자유의 공동체였다. 외부인들은 종종 교회 안에서 일어나는 일을 오해하기도 했다. 이교도 세실리어스는 다음과 같이 말했다.

> [그리스도인들은] 의심스럽고 죄인으로 낙인찍힌 무법자들의 패거리다.… 무식한 남자들과 원래 불안정하게 마련인 쉽게 현혹되는 여자들 중에서도 가장 낮은 부류의 쓰레기들이 어중이 떠중이 모여 불경건한 음모나 꾸미고 있다.…46

물론 세실리우스가 야박한 관점에서 말한 것이지만, 지각이 없는 사람은 아니었다. 그는 앞에서 언급된 바와 같이 교회 안에 여성이 더 많다는 사실을 알았고, 거기에는 사회적 지위가 낮은 '무식한' 사람들이 많다는 것도 확인했다. 하지만 박식한 비평민 신자였던 옥타비우스Octavius에게 불만을 토로하면서도 그리스도인의 교회가 고대 사회에서는 유래 없을 정도로 사회 구성원 전체를 포함하고 있다는 사실을 인정하지 않을 수 없었다. 많은 논쟁이 있은 후 최근에 들어서야 학자들은 상당히 비슷한 결론에 도달했다.

12세기의 로마 도심의 교회에 대해 광범위하게 연구한 키엘 대학교University of Kiel 피터 람페Peter Lampe 교수에 따르면, "기독교가 전체 사회의 계층 구조를 다소 반영했다"고 한다. 권력을 잃어버릴 수도 있는 대다수의 남자 귀족을 제외하고는 말이다. 이는 로마의 교회 내에 부유한 사람보다는 가난한 사람이 더 많았다는 것을 뜻한다. 어쨌든 그리스도인 사이에 '강도 높은 교환intensive exchange'이 이루어지고 있다는 사실도 기술하고 있는데, 이것은 부유한 그리스도인들이 교회의 공동 기금을 통해 가난한 형제자매들에게 물질을 나눠주는 것이었고, 이를 통해 '계층 사이에 제한적이나마 물질 소유의 평등'이 이뤄졌음을 의미한다.47 그리고 평등은 물질에만 국한된 것이 아니었다. 레인 폭스Lane Fox가 말한 것처럼 기독교는 사회에서 가장 소외된 집단의 사람들여성, 노예, 쓰레기 하치장에 버려진 사생아같이 버림받은 사람들이 의사표시를 할 수 있게 했다.48 이런 평등화를 모든 사람이 다 좋게 받아들이지는 않았다. 부자가 된 사람들은 예배의 일부로서 공동 기금에 헌금을 해야 했기 때문에 예배에 나오기를 주저했다.49

로마 교회 그리스도인들의 상호 원조 및 구제에 대한 놀랄 만한 관대함과 상호원조 및 구제의 결과로 교회의 부가 늘어났지만 결국은 교회가 부유해진 것이 그리스도인들의 삶에는 해로운 결과를 가져왔다. 그래도 세실리어스가 관찰했을 당시의 로마 기독교인들에 대해 주목해야 할 점은 그들의 사회적 포용inclusivity과 관용generosity이었다. 일부 외부인들은 이에 대해 신뢰하지 않았지만 그 외의 사람들은 이런 교회에 참여하기를 원했다.

9. 평화의 공동체

세실리어스의 두 번째 관점 또한 매우 솔직하고 날카롭다. "그리스도인들은 서로 알기도 전에 사랑에 빠지고 어디서나 욕정의 종교 같은 것을 소개하고 다닌다.…"50

그리스도인들은 스스로 형제, 자매, 한 가족의 구성원으로서 그리스도의 사랑과 평화로 모두 하나가 되었다고 보았다. 평화의 백성이 되는 것은 시작부터 세심한 주의를 요했다. 클레멘트Clement의 첫번째 서신에서도 전체적인 맥락에서는 고린도교회에게 있어 교회 계층의 수직적 관점이 회복되어야 함을 호소하는 통상적인 내용이었으나 그보다는 상호 겸손과 섬김을 통해 '그리스도인들이 지켜야 할 공통의 형제사랑*adelphotes*을 실천한다'는 확신을 표현한 것이라 할 수 있다.51 그리스도인의 공동체가 이렇게 사랑으로 결속하기 위해 발전시킨 방법은 공동체 안에서 서로 화해하는 훈련을 통한 것이었고 또한 서로를 묶어주는 사랑과 그리스도 안에서 평등함을 표현하는 평화의 입맞춤kiss of peace 의식을 거행하는 것이었다.52 그러나 공동체 구성원이 다양하다는 사실보다도 이 의식 하나가 외부인들에게 더 많은 오해를 불러일으켰다. 일부 영지주의 집단의 무절제한 성적 행동에 대한 소문을 무정한 구경꾼들이 일반화시켜서 퍼트렸기 때문이다.[53] 아테네의 그리스도인들이 쾌락적이었기 때문에 두 번 입 맞추는 것을 금지시키는 공동체의 규율을 세운 것도 무리는 아니었다.[54] 하지만 초기 그리스도인들은 세속적이지 않고 깊은 매력을 지닌 '평화'가 공동체 생활에 중추적인 역할을 한다는 것을 알고 있었다.

그리스도인들은 자신들의 공동체 생활이 사람들의 이목을 끈다는 것을 알고 있었다. 또한 일반 사람들을 그리스도 안에서의 신앙과 자유로 인도하기 위해 분명한 삶을 살기 원했다. 어떤 그리스도인은 자신들 삶의 아름다움매력 때문에 외부인들이 그들의 대열에 합류한다고 주장했다. "우리는 어떤 위대한 것들을 이야기하지 않습니다. 우리는 그대로 살 따름입니다."[55] 공동체의 활기찬 생활 방식을 위해서는 목회자의 지속적인 관리가 필요했고, 성직자들은 기본적으로 복음전도가 아닌 교회의 내적 삶에 관심을 세심하게 기울였을 것이다. 이는 그리스도인의 확실하고 분명한 이상적 교회 생활에 대한 자신감이야말로 외부 사람들이 기독교의 진리에 귀 기울이게 하는 가장 효율적인 방법이라는 확신 때문이었다.[56] 초기 공동체 생활을 통제하려고 시도했던 교회의 규율church orders은 이런 관심의 좋은 예라고 할 수 있다. 『사도들의 가르침』은 그리스도인의 지도자들이 교회 안에 올바른 관계를 육성함으로써 하나님의 조력자가 되어 구원받는 자가 늘어나게 될 것이라고 강조했다.[57] 그렇기 때문에 교회의 지도자들이 누군가를 교회에서 쫓아버리고 싶지 않다면 말다툼과 증오 같은 것들은 삼가야 했다. 이것은 교회의 일상적인 생활과 증거로 틀이 잡힌 신자들 개인에게도 똑같이 중요한 것이었다.『사도적 전통 *Apostolic Tradition*』은 "이방인들 사이에서 누가 더 한결같은 마음을 품고 분별 있게 잘 행동하는지 경쟁하자"고 지도했다.[58] 또한 4세기 초 『히폴리투스 정전 *Canons of Hippolytus*』에는 "그리스도인들의 삶은 자신들뿐 아니라 이방인들도 따라하고 그들도 결국 그리스도인이 될 수 있도록 빛의 모범이 되어야 한다."는 것을 잘 나타내주고 있다.[59]

10. 자비를 통한 증거

초기 기독교 공동체들의 초점은 결코 내부에만 국한된 것은 아니었다. 그리스도인들의 사역 중에는 당시 사람들이 깜짝 놀랄 정도로 이웃들의 물질적 필요를 채워주는 섬김의 삶을 살았다. 한 예로, 알렉산드리아의 그리스도인들은 내전 중인 양쪽 진영에 끼어들어 중재를 시도했고, 두 진영에 있던 피해자 모두를 구제해 주었다. 카르타고의 그리스도인들은 252년의 끔찍한 재앙으로 피해를 입은 이교도들을 돌봐주었다.[60] 그리스도인들은 많은 지역에서 자기신자들뿐 아니라 피해를 입은 이교도들도 환대하고 구제하였다. 기독교 신앙을 저버린 율리아누스Julian 황제의 경우 이런 그리스도인들의 자비로운 사역을 칭찬했으며, 그가 360년대 들어 이교도 신앙paganism을 다시 로마제국의 국교로 삼는다는 것이 쉽지 않음을 발견하기도 하였다. 그가 한 가지 고민한 것은 기독교인들은 너무도 관대하다는 것이었다. 그는 다음과 같이 애통해했다.

그리스도인들은 이방인들에게도 자비를 베풀었으며 죽은 자들의 무덤을 돌봐주기까지 했다. 그들은 거룩한 삶을 살면서 그들의 종교만을 더욱 고취시켰다.… 이방인들의 눈에 비친 갈릴리 사람들은 자신들의 가난함뿐 아니라 우리의 가난도 구제하였다.

그러나 율리아누스 황제가 이교도 사제들이 주도하는 예배를 자극하여 그리스도인들의 예배와 경쟁시키려 했던 시도는 그의 짧은 치세만큼이나 결실을 맺지 못했다. "이것은 우리의 오래 된 전통이다."라는 그의 주장은 아무도 믿지 않았다. 이교도들에게는 그들의 삶 속에서 실천할 수 있는 실질적인 전통이나 신학적 이해도 없었고 공동체의 훈련이나 실제적인 의식도 없었다.61

그러나 그리스도인들은 달랐다. 콘스탄티누스 대제가 회심하기 바로 전 북부 이집트에서 나온 이야기를 주목해 보자. 서기 312년경 지방의 제국주의 세력들은 군인들을 보충할 필요를 느꼈고 군인들의 감시 아래 젊은 남자들을 징집하여 배에 태우고 나일강 하류에서부터 테베Thebes까지 이동시켰다. 군인들은 젊은이들이 도망가지 못하게 감옥에 가두었다. 이 소식을 들은 몇몇 자비로운 그리스도인들은 비탄에 잠긴 젊은이들에게 먹을 것과 마실 것 그리고 다른 필요한 것들을 제공했다. 징집병들 중 당시 20세였던 파코미우스Pachomius는 도대체 이렇게 자비로운 사람들이 누구인지에 대해 묻지 않을 수 없었다. 이들이 이방인을 포함한 모든 사람들에게 자비를 베푸는 그리스도인이라는 말을 들었을 때 파코미우스는 '그리스도인의 정체성'에 대해서 되묻지 않을 수 없었다. 그리스도인들은 하나님의 독생자이신 예수 그리스도의 이름을 품고 이방인을 포함한 모든 사람에게 선행을 베푸는 사람들이다. 그들은 자신들의 소망을 하늘과 땅, 모든 사람을 만드신 하나님께 두는 사람들이다. 파코미우스의 마음은 하나님의 이 엄청난 은혜의 이야기를 듣는 동안 경외심과 기쁨으로 불타 올랐다. 감옥에서 홀로 외롭게 지내던 그는 하늘을 향해 손을 들었고 하나님과 다른 사람들을 섬기기 위하여 사랑으로 자신을 드렸다. 파코미우스는 얼마 후 복무 기간이 끝났을 때 자신이 세례를 받은 가까운 마을로 들어갔다. 그 지역 그리스도인들의 자비로운 실천은 파코미우스를 변화시켰으며, 그를 초기 수도원 운동의 창시자가 되게 하였다.[62] 파코미우스의 회심은 특별한 것도 아니고 단순히 '자선행위를 실천한 결과'도 아니었다.[63] 그것은 비범한 가치들로 고무된 공동체 생활의 자연스러운 산물이었으며 실제적인 매력이었다.

그러나 과연 그리스도인들이 어떻게 그와 같은 행동을 할 수 있었는가? 필자가 생각하는 문제의 핵심은 그 비밀이 개인과 공동체를 구별되게 만드는 예배에 있었다는 것이다. 그러나 예배를 드리기 위해서는 먼저 교회의 문을 통과해야 했는데, 그것은 우리가 지금까지 살펴보았듯이 결코 쉬운 일이 아니었다.

11. 신앙문답교육catechism: 새로운 세계의 건설

1세기에는 사람들이 예수를 주님으로 고백한 직후에 세례를 받았던 기간이 짧게나마 있었다. 행 2:38, 8:26-40; 16:33 그러나 2세기까지 로마제국 전역에서 교회들은 세례 준비과정을 상당히 길게 잡았다. 적어도 2세기부터 많은 교회들이 유아세례를 시행했지만 세례의식에서 사용된 용어나 형태로 보자면 5세기까지는 성인 세례만이 교인이 될 수 있는 주요한 방법이었다.[64] 메시아적messianic 신앙을 가진 최초1세기의 회심자들은 그들이 유대인으로서 또는 구약성경의 삶의 방식에 따라 하나님을 경외하는 사람으로서 조속히 세례를 받았다. 그러나 2세기까지는 다양한 이교도의 신앙에서 기독교로 바로 개종한 회심자들은 그러한 성경적 이야기의 배경을 전혀 알지 못했다.[65] 그들의 삶과 태도는 기독교 사상가들이 속박bondage의 상태로 간주한 후기 로마의 문화를 그대로 반영한 것이었다. 오리겐은 "우리는 사탄에게 많은 세월 동안 붙들려 있었다."[66]고 선언했다. 우상들에게 붙들렸을 뿐 아니라 "탐욕적이고 교활한 예배 의식에 붙들려 있었다."[67] 그러한 속박으로부터 탈피할 필요가 있었으며, 교회는 세례를 절정으로 하는 문답 기간을 통해 신자들이 속박으로부터 자유롭다는 것을 확신시켰다.[68]

사람들이 교회에 나오게 된 것은 늘 그런 것처럼 우정友情 때문이었다. 초기에는 신자들 스스로 예비 신앙인이 될 친구들을 문답식으로 가르쳤다.[69] 신혹은 신앙을 탐구하고자 했던 사람들은 학교, 예를 들면 로마에 있는 저스틴의 학교 같은 곳에 다니길 원했을 수도 있다.[70] 그러나 2세기 후반까지 제국의 여러 지역에서 신앙문답교육 형식이 개발되었다.[71] 신자들은 이교도들과 친분을 나누고 그들이 얼마나 진지한지 확인한 후 교회의 아침모임 시간 전에 데리고 가서 신앙문답교육 교사들을 만났다. 3세기의 『사도적 전통*Apostolic Tradition*』에 따르면 신앙문답교육의 교사는 예비 신자와 함께 간 후원자 모두에게 이런 질문을 했다.[72] 예비 신자들의 결혼 상태는 어떠한가? 만약 그들이 노예라면 그들의 주인은 자기 휘하의 노예가 그리스도인이 되는 것을 어떻게 생각하는가? 예비 신자는 혹시 교회가 금하는 전차병이나 우상을 만드는 일에 종사하지는 않는가? "그렇다면 그런 일을 그만두게 하든지 아니면 신앙문답자로 받아들이지 않는다." 만약 예비 신자가 군인이라면 살인하지 않겠다는 약속을 받은 후에야 그들에게 신앙문답 교육을 했다. 만약 그가 살인을 하거나 군대에 지원

한다면 "그리스도인으로 받아들이지 말라"고 하였다.[73] 예배 신학자인 로버트 웨버Robert Webber는 이러한 문답식 단계를 '추려내는 과정weeding-out process'이라고 불렀다.[74] 가르치기도 전에 거부하는 것은 잘못된 것일 수도 있으나 초기 그리스도인들의 관점은 그렇지 않았다. 그보다는 주변을 둘러싼 적대적 사회에 직면한 자신들의 공동체 특성을 유지하고 성숙시키는 데에 관심이 있었다. 초기 기독교 그리스도인들은 회심이 믿음보다는 삶의 방식에서부터 시작된다고 믿었다. 자신의 '행위와 습관'을 기꺼이 바꾸고자 하는 사람들을 말씀을 들을 수 있는 능력 있는 사람으로 보았던 것이다.[75]

신앙문답교육 기간은 3년까지 걸릴 수 있었다. 그러나 열심인 사람에게는 기간이 문제되지 않았고 삶의 행실이 참작되었다.[76] 그 기간 동안 신앙문답자는 일터에 가기 전 이른 아침에 교회에 나와 한 시간 동안 공부를 해야 했다. 이따금씩 그들의 후견인도 함께 참석했으며 일반적으로 다른 신자들도 그곳에 함께 있곤 했다. 신앙문답자들은 신앙문답교사들의 성경 봉독과 말씀에 대한 설명을 함께 경청했으며 대화식이었기에 중간에 개입할 수도 있었고 중간에 기도하는 순서도 있었다. 신앙문답자들은 축도를 받은 후에야 흩어졌다.[77]

그 기간 동안 신앙문답자들은 무엇을 배웠을까? 학자들은 교리와 도덕 그리고 예배 의식 등을 지루한 방식으로 가르쳤을 것이라고 말하지만 일반적으로 신앙문답교육에서는 그러한 목회적 의도pastoral purpose는 고려되지 않았다. 필자가 믿기로 이것은 이교도 신자들에 대한 재再구성이었고 재再사회화였으며, 그들의 과거 세계를 허물고 새로운 세계를 건설하여 자유의 공동체 안에서 편안함을 느끼는 그리스도인이 되게 하기 위한 것이었다. 또한 신앙문답자들이 이러한 여정에서 진보하도록 신앙문답교사들은 공동체 삶의 두 가지 본질적인 주제인 역사history와 생활양식folkways을 특별히 가르칠 필요가 있었다.

12. 새로운 역사

어떠한 공동체라도 그 정체성은 주로 그 공동체의 역사를 통해서 개발된다고 최근 에버렛 퍼거슨Everett Ferguson 교수는 지적했다.[78] 사람들이 기억하고 말하는 역사와 이야기, 그들이 존경하는 영웅들은 모두 공동체 의식을 형성한다. 기독교의 신앙문답교육에 입문하는 전형적인 이교도는 신화나 국가의 업적, 지역의 영웅들에 대한 역사적 자료가 뒤범벅된 정신적 혼동을 경험한다. 신앙문답교육의 교사는 문답자들이 그리스도인의 공동체에 합류할 수 있게 준비시키기 위해서 그들의 신화적이고 역사적인 혼동을 다른 대안적인 이야기, 곧 히브리 성서가 들려주는 구원사history of salvation로 대체해야 했다. 이 구원사는 예수 그리스도의 인격과 사역 안에서 절정을 이루었다가 초국가적 교회의 삶과 순교자들의 고난을 통해 이어져 온 것이다. 퍼거슨의 관점에 의하면 구약성경은 하나님의 구원 사역에 대한 이야기이며 그리스도의 성육신의 장을 제공하는 교리 교육의 뼈대이자 핵심으로서 신약성경에 대한 설명과 증거 그 이상이다.[79] 퍼거슨은 이레니우스의 『사도적 가르침의 증거*Proof of the Apostolic Preaching*』가 새신자들을 위한 실제적인 이야기로 고안된 신앙문답교육서였다는 사실을 설득력 있게 주장했다.[80] 또한 이와 같은 관점에서 이해하자면 매일 있었던 오리겐의 구약성경 강해도 신앙문답교육으로 이해할 수 있다. 오리겐은 청중들에게 그들의 오래된 과거 역사를 대체하고 목숨을 내어주는 상황에서도 맞설 수 있게 준비시키는 살아 있는 역사를 가르쳤다.

13. 새로운 생활양식

신앙문답교사가 다룬 두 번째 필수 영역은 생활양식과 관련 있다. 필자는 이것을 '윤리'나 '도덕'보다는 '생활양식'이라는 말로 표현하겠다. 왜냐하면 생활양식은 사람들이 의식적으로 고민한 결과가 아니라 의례 그런 것으로 생각하고 하는 행동, 즉 삶의 방식과 관련 있기 때문이다.[81] 신앙문답교육을 견뎌내는 이교도들은 앞으로 닥칠 긴장되고 어려운 상황을 이교도의 방법이 아닌 그리스도인 공동체의 일원으로서, 더 나아가 예수님처럼 구별된 방법으로 이겨내기 위해서 새로운 습관을 형성할 필요를 느꼈다. 오리겐이 지적한 바와 같이 생활양식을 전하는 중심에는 그리스도인에 대한 모방이 있었다. 따라서 삶을 통해서 본을 보이는 것은 신앙문답교육 교사나 후원자들 모두에게 중요했다.[82]

신앙문답교사들은 이러한 생활양식을 원칙으로 가르치기도 했다. 1세기 후반부터 그리스도인 저술가들은 삶에 대하여 '생명'과 '죽음'이라는 두 방법으로 나누어 접근했다.[83] 그 후에 그리스도인 저술가들은 그들의 공동체가 전해주는 가르침을 참조하였다. 그들은 신앙문답자들이 순교의 상황에 처했을 때, 혹은 공공 목욕탕에서는 어떻게 해야 하는지, 혹은 어떻게 맹세하는 것을 피할 수 있는지, 혹은 원수를 대할 때나 전쟁에 직면할 때 어떻게 행동해야 하는지에 대해서 가르쳤다.[84] 키프리안의 『에드 큐리넘 Ad Quirinium』 제 3권에는 '우리 학교의 종교적 가르침'에 관한 모든 사항이 들어있는데, 방대한 성경구절을 인용해 '주님의 수칙 precepts of the Lord' 120 가지를 제시하는 내용도 포함된다. 키프리안은 세례받기 전에 물질주의로 인해 개인적인 갈등이 있었지만 그 후에 자신이 저술한 120개의 목록에서 가장 긴, 적어도 36개의 성경 본문을 인용한 말씀을 통해 선행과 자비가 주는 이점을 설명했다. 그 외의 수칙들은 그리스도인들의 공동체 내에서, 그리고 '이방' 세계와의 관계 속에서 평화를 이루며 사는 것과 오늘날에는 그다지 인기가 없는 '순결과 금욕의 유익'에 관한 것이었다.[85] 필자가 믿는 바, 키프리안의 성경 본문들은 한눈에 보아도 알 수 있듯이, 당시의 많은 신앙문답교사들이 가르친 초기 그리스도인들의 생활양식의 핵심은 예수 그리스도와 그의 신神인격적 가르침에 관한 것이었다. 아테나고라스는 이렇게 말했다. "그렇다면 우리에게 주시는 말씀은 무엇인가? 내가 너희에게 말하노니 너희를 저주하는 자를 사랑하고, 너희를 핍박하는 자를 위해서 기도하라. 이같이 한즉 하늘에 계신 너희 아버지의 자녀가 되리니…….”[86] 아리스타이데스Aristeides는 “그리스도인들의 심장에는 주 예수 그리스도의 명령이 새겨져 있고 그들은 그 명령을 지킨다.”[87]라고 했다. 그리고 로마에서 교리를 가르치던 저스틴은 자신이 예수 전통의 매개자mediator라는 것을 심각하게 깨달았다. ‘그리스도로부터 직접 온 가르침의 수여자’로서 다른 사람들에게도 ‘이것을 가르칠 길을 진심으로’ 모색했다.[88]

‘신앙문답자들이 하나님의 백성들의 역사를 자신들의 삶에 내면화시키고 반사적인 행동양식에 변화를 경험하는 기간, 어쩌면 수 년이 될 수도 있는 그 기간 동안 그들은 주일 예배의 처음 순서에 함께 참여했다. 그들은 계속해서 매주 교회의 문을 두드려야만 했다. 신앙문답자들은 다른 날과 마찬가지로 주일에 성경 낭독과 장로들의 말씀 강해를 들었지만 자신들은 단지 신앙문답자들이었기에 계속 이어지는 신비스러운 의식에는 참석할 수 없다는 것을 알고 있었다.’[89]

14. 세례baptism*: 새 노래 부르기

그러나 어느 시기가 되어 부활절을 몇 주 앞두면, 신앙문답자들은 기독교 공동체의 정식 구성원이 될 수 있는지를 검증받기 위해 자신들의 후견인들을 동반하여 교회의 지도자들을 만나야만 했다. 신앙문답자와 후원자들에 대한 질문은 교리에 대한 이해보다는 오히려 그 동안 어떻게 살았느냐는 삶의 방식에 관한 질문이었다. 사도적 전통에 따라 다음과 같은 검증 질문이 주어진다. 그들은 신앙문답자일 때 선한 삶을 살았는가? 과부를 선대하였는가? 환자들을 방문하였는가? 그 밖의 다른 모든 일에 선을 베풀었는가?[90] 『히폴리투스의 정전*The Canons of Hippolytus*』의 질문은 더 예리하다. "당신은 두 마음을 품고 있는가, 아니면 어떤 속박 아래 있거나 인습에 젖어 있는가?"[91] 다시 말해서 신앙문답자들은 그 동안 그리스도인처럼 살아왔는가? 그리스도인처럼 살 준비는 되었는가? 만약 그렇다면 그들은 세례준비과정 중에서 가장 격렬한 단계에 들어갈 준비가 된 것이었다.

신앙문답자들은 부활절의 세례의식에 앞서 몇 주 동안 매일 아침 자신들의 삶과 바른 이해를 위해 교리적 틀을 제공하는 복음 곧 '믿음의 법칙'을 배웠다.[92] 교회 지도자들은 매일 예비 신자들을 안수하고 잔존하는 악한 영들을 쫓아냈다. 윌리암 윌리몬 William Willimon은 이것을 "권세 잡은 자로부터 해방시키는 최종적인 과정"이라고 했다.[93] 부활절 직전의 며칠 동안은 금식을 하고 악령을 쫓는 기도를 받았으며, 부활절 바로 전날에는 철야기도를 했다. 이 모든 과정의 최고 절정은 부활절 새벽닭이 울 때다. 세례를 위해 준비된 물에는 축복이 깃들여 있다. 그리고 신앙문답자들은 사도적 전통에 따라 '옷을 벗는다.' 낡은 옛 옷은 벗고 아무 의지 없는 나체의 몸으로 물속에 들어가며, 아버지와 아들과 성령의 이름으로 세례를 받는다. 이때 과거의 자아는 죽고 이제는 살아 있는 그리스도인으로서 다시 태어나는 것이다. 세례를 받은 후에는 감사의 기름을 바르고 의복을 입은 후 마침내 교회의 문을 통과한다. 교회의 새 가족이 된 이들은 처음으로 모든 사람들과 함께 어울려 두 손을 들고 기도한다. 터툴리안의 공동체에서는 세례를 받은 사람들이 바로 이 순간에 하나님께 성령의 은사들을 구하였다.[94] 그리고 기도 후에는 평화의 입맞춤을 했다. 그런 후에야 비로소 처음으로 성찬eucharist에 참여할 수 있었다.[95]

이런 경험들이 얼마나 감동적인 충격으로 다가왔을지 상상해 보라. 하버드대학교의 마가렛 마일스Margaret Miles는 사람들이 그런 상황을 어떻게 체험했는지 그대로 기록하고자 했는데 개인의 강력한 육체적 경험이 그에 대한 종교 공동체의 해석과 더불어 반문화적인 종교적 자아religious self를 형성한다고 했다.[96] 세례와 성찬의 경험은 더욱 의미 있었다. 왜냐하면 늦어도 3세기 초부터 이것들은 새신자들이 체험하기 전까지는 그 의미를 전혀 알 수 없었던 비밀 의식이었기 때문이다. 예를 들어 오리겐은 설교 시간에 오직 알 권리를 가지고 있는 사람들만 아는 존귀하고 고상한 신비에 대해서 막연하고도 모호한 태도로 이야기하기 시작했다.[97] 그러나 부활주일이 지난 후 새신자들은 이제 자신들이 세례와 성찬을 통해서 이미 경험한 삶과 그 의미를 배웠다. 그들은 단지 교회의 닫혀 있던 문 뒤에서 그리스도인들이 과연 무엇을 했는가에 대해 이해했을 뿐 아니라 지금은 그리스도인 공동체의 정식 구성원이 된 것이다!

초기 기독교의 저술가들은 후기의 사람들과 달리 자신들의 감정적인 차원에서의 경험한 사실에 대해서는 말을 삼갔다.[98] 그러나 어떤 사람들은 때때로 자신들이 경험한 자유와 해방에 대한 느낌을 갖고 있었다. 오리겐은 새신자들에 대해서, "당신이 물속으로 들어가고… 다시 나오면 새사람이 된 것이다, 새 노래를 부를 준비가 된 것"이라고 확신하였다.[99] 단순한 삶을 살지 못해 갈등했던 키프리안은 이에 대해서 더 자세히 말했다. 그는 세례의 경험이 모든 것을 바꾸었다고 했다. "물세례로 인한 새로운 탄생으로 과거의 삶의 흔적들은 씻겨졌고 하늘로부터의 빛은 … 화해한 심장reconciled heart으로 부어졌다." 성령께서는 이 일의 중심에 계셨다. 키프리안은 "하늘로부터 불어 넣어지신 성령의 도움으로 자신이 새사람이 된 것을 깨달았다." 그리고 이 경험은 그의 삶의 방식을 바꾸어 놓았다. 그는 겸손한 모습으로 단순하게 살 수 있었다. "어렵게 보였던 것들이 성취의 도구로 보이기 시작했고 불가능하게 생각되었던 것들이 성취할 수 있는 능력으로 바뀌었다."100 키프리안은 세례를 받은 사람으로서 그가 '그리스도인'이라는 새 이름만 얻은 것이 아니라 자신이 진정으로 자유롭게 되었다는 사실을 깨달았다.

제3부
초기 기독교 예배: 삶을 구별되게 하는 예배

무엇이 키프리안과 그의 세례받은 형제자매들을 지속적으로 자유롭게 하였는가? 무엇이 그들로 하여금 세상에 복된 소식을 전하는 자유의 공동체를 만들게 하였는가? 그것은 매주일 가정집에 모여 행동으로 함께 표현하고, 자신들의 삶을 주님께 드린 예배 때문이었다. 그리스도인들은 예배를 통해서 하나님을 만날 수 있었을 뿐 아니라 세상이 자신들의 구별된 삶에 관심을 가질 수 있도록 중요한 역할을 했다.

15. 평화의 입맞춤: 평등과 평화 만들기

평화의 입맞춤은 주일예배에서 기도와 성만찬 사이에 행했던 의식 가운데 하나였다. 바울과 베드로 모두 자신들의 서신에 이러한 평화의 입맞춤에 대해 이미 기록했다는 것은 평화의 입맞춤이 초기 기독교 공동체 안에서 얼마나 중요했는지를 보여준다.[1] 그렇다면 왜 이런 호기심으로 가득찬 행습을 강조했을까? 윌리암 클라센William Klassen 교수는 "이것을 새로운 사회 문제의 실재를 건설하는 사람들의 생활 속에서 발견하였다." 다양한 배경의 사람들이 예수 그리스도 안에서 함께 화해reconciliation를 경험했다. 서로 다른 사람들이 한 형제와 자매가 되었다. "그러한 사회적 표현은 새로운 관습이자 새로운 인사법이었다."[2] 그러므로 거룩한 입맞춤은 단지 예배 의식을 따르는 몸짓만이 아니었다. 그것은 혁명적인 사회적 결속과 근본적 평등에 관한 표현이었다.[3] 당시 원형 경기장에서 만인이 보는 앞에서 평등을 나타내는 것은 매우 수치스러운 일이었을 것이다. 누구든지 203년 카르타고의 순교 현장에서 군중들이 받은 충격을 상상할 수 있을 것이다. 귀족으로 자란 비비아 퍼페투아Vibia Perpetua뿐 아니라 노예였던 레보카투스Revocatus와 페리시타스Felicitas를 포함한 모든 새신자들이 평화의 입맞춤으로 그들의 순교를 확증하였다.[4]

그리스도인들이 대부분의 경우에 실제로 사용한 인사법은 이렇게 기독교 예배 의식의 한 부분으로 정식 발전하였다.[5] 그것은 저스틴 당시 로마에서 예배 시간에 성찬이 시작되기 전에 설교를 끝내는 수단이었다.[6] 그리고 그것은 로마에서뿐 아니라 북아프리카와 동부 지역에서도 행해졌다. 물론 여기에는 약간의 문제도 있었다. 클레멘트에 의하면 알렉산드리아에서는 어떤 그리스도인들이 순결하고 닫힌 입술로 입맞춤하지 않아서 문제가 되기도 했다.[7] 입맞춤에 대해 교회 내부 사람들이 남용할 수도 있고 또 외부 사람들의 오해가 있었는데도 불구하고 그것은 초기 예배의 아주 필수적인 부분이었다. 그것은 교회가 성령의 임재와 교통하심을 축하 할 뿐 아니라 교회에서 평화를 만들고 그리스도인들이 하나 되게 하는 수단이었다. 그렇게 함으로써 교회를 보호했고, 필요하다면 그리스도인으로서 신자들 사이의 깊은 유대관계를 회복하기 위함이었다.[8] 그리스도인들은 평화의 입맞춤이 없는 기도와 성만찬은 무의미하고 헛되다고 믿었다.

우리는 이미 『디다케*Didache*』에서 이 주제에 대해 알아보았다. "누구든지 이웃과 다툼이 있거든 너희의 제사가 하나님께 헛되

이 드러지지 않도록 서로 화해할 때까지 함께하지 마라."[9] 터툴리안은 이와 같은 자신의 주장에 대해 마태복음 5:23-24을 예를 들어 설명했다. "그러므로 예물을 제단 앞에 드리다가 거기서 네 형제에게 원망 들을 만한 일이 있는 줄 생각나거든 예물을 제단 앞에 두고 먼저 가서 형제와 화목하고 그 후에 와서 예물을 드리라."[10] 3~4세기 동안에 기독교 저술가들은 그리스도인들을 훈계할 때 이 본문을 반복해서 사용했다.[11] 4세기에는 예배 중 성도의 하나 됨을 이야기 한 사람들이 종종 교회의 소식들을 전했던 집사들이었다. 그리고 집사들이 사람들을 초대하여 예수님의 산상수훈을 인용하고 "거룩한 입맞춤으로 서로 인사하라"고 했을 때 이러한 예배의 문서는 계속해서 유용했다.[12] 4세기 말, 안디옥의 몹수에스티아Mopsuestia의 데오도르Theodore와 같이 회중들이 많이 모인 곳에서는 "가능한 멀리 있는 이웃들과도 화평하라… 만약 죄를 지은 사람이 가까이 있다면 그는 예수께서 명하신 대로 행하라." 만약 그 사람이 그 자리에 없거나 또는 건물 반대편에 있다면 죄를 지은 사람은 가능한 빨리 마음으로부터 화해하도록 노력해야 했다.[13]

그보다 한 세기 반 전에 시리아의 데오도르 공동체보다 규모가 훨씬 작은 『디다케-12 사도들의 가르침』을 적용한 공동체에서는 예배 중 또는 예배 시간 외에도 화해를 가능하게 하는 확실하고도 명확한 예배의식과 목양의 과정이 있었다. 『디다케-12 사도들의 가르침』이 평화의 입맞춤에 특별히 관계되었는지는 확실하지 않다. 그러나 집사들이 화해에 대해서 마태복음 5:23-24로 설교한 것과 '평화'를 언급한 다른 본문들을 전통적으로 연관시킨 것은 공동체 안에서 평화의 입맞춤이 자리 잡고 있었음을 나타내는 것이었다. 기도 순서가 끝나고 헌금 시간 전에는 집사가 다음과 같이 큰 소리로 외쳤다. "여러분 중에 다른 사람과 마음이 맞지 않는 사람이 있습니까?" 그때 대부분의 교인들은 서로 포옹하고 하나님께서 성령을 통해 주신 평화를 축하한다. 그러나 만약에 누군가 서로 싸웠다면 교회의 감독은 화평케 하는 자로서 이들을 불러서 "감독 앞에서 화해하기 전까지는 서로 형제라고 부를 수 없게 했다." 두 사람의 올바른 관계 형성을 목적으로 하는 이러한 중재의 과정은 그 다음 주일이 오기 전에 마쳐져야 했다.[14]

왜 이런 절차가 필요했을까? 이것은 결국 은사의 전달이 동시에 일어나는 "어느 정도의 시간이 걸리고 상당한 혼동을 불러일으키는 문제였다."[15] 왜냐하면 초기 기독교인들에게는 평화의 공동체로서 평화를 이룰 때만이 온전한 예배가 가능하다는 신념이 널리 퍼져 있었기 때문이다. "만약 누군가가 계속해서 형제를 저주하거나 혹은 그 형제가 어떤 사람을 저주한다면 그 기도는 상달되지 않을 것이고 그러한 성만찬은 받아들여지지 않을 것이다." 이런 과정들은 기독교 공동체가 평화를 이룰 때 세상에 제공할 수 있는 그 무엇인가 고상한 것이 있기 때문에 매우 중요했다.

> 만약 당신이 다른 사람들에게 평화에 관해서 설교한다면 당신은 먼저 그 형제들과 평화를 이뤄야 한다. 빛의 아들, 평화의 자녀들이 결국 다른 모든 사람들과도 평화를 이루고 빛을 비추듯이…. 서로 다른 사람들과 평화를 이루고 현명한 비둘기가 교회를 채우는 것같이 거친 세상의 사람들을 변화시키고 교회로 나오게 하기 위해 평화를 이루어야 한다.16

예배와 복음전도는 그리스도인의 올바른 관계에 달려 있기 때문에 믿는 사람들이 '평화의 입맞춤'을 따르는 것은 대단히 중요한 일이었다.

16. 기도: 한마음으로 중보기도하기

회중들은 공동의 기도를 통해서 공동체의 평화peace와 일치unity를 같은 차원에서 발전시켜 나갔다. 사람들은 열심히 기도했지만 그 내용은 거의 기록하지 않았다. 예외적으로 『클레멘트 첫 번째 서신 *I Clement*』에 기도 내용이 기록되어 있는데 감사를 표하는 것에 더해 두 가지 영역에서 청원하고 있다. 당시로서는 일반적이었을 것으로 추정되는 이 두 가지 중 첫 번째는 그리스도인 공동체의 일용할 필요에 관한 것이었다.

> 우리 안에 고난당하는 자들을 구하소서, 넘어진 자들을 일으켜 세우시고 도움이 필요한 자들을 도우시며, 아픈 자들을 고치시고 방황하는 자녀들이 돌아오게 하소서, 배고픈 자들을 먹이시고 잡힌 자들을 풀어주시며 약한 자를 회복시키시고 마음이 무너진 자들에게 용기를 주소서.

또한 평화를 위한 기도와 이 땅의 황제와 통치자들의 번영을 위한 기도도 있었다.[17] 저스틴이 드린 로마의 황제를 위한 공동체의 기도는 광기를 고발하는 것으로, 그것은 제국의 박해자의 정신이 온전해지도록 중보기도하는 것이었다.[18] 황제와 원수, 박해자 그리고 유대인을 위한 기도는 확실히 초기 기독교 교회에서 자주 다루는 주제였다.[19] 이 모든 것은 함만A. Hamman의 '실존적 기도existential prayer'와 관계있다.[20] 그것은 그리스도인들이 삶의 모든 영역에서 그리스도의 명령을 수행하면서도 선한 시민이 되어야 하는 두 가지 어려운 과제를 감당케 하는 기도였다.[21]

사람들은 기도할 때 습관적으로 서서 손을 들고 기도했다. 터툴리안은 친구들이 기도할 때 손을 너무 높이 들지 말고 겸손하면서도 소박한 자세로 기도할 것을 요구하기도 했다.[22] 그러나 기도 자세가 중요한 것은 아니었다. 평화와 일치가 중요했다. 오리겐은 신실한 회중들이 모인 장소에서는 기도하기가 쉽고, 또 더 효과적인 기도를 할 수 있다고 주장했다. 그러나 터툴리안은 만약 분노에 쌓였거나 관계가 어긋난 상태에서 기도한다면, 그 기도는 효과도 없거니와 무의미하다고 말했다.[23] 사도들의 가르침은 독자들을 다음과 같이 일깨운다. 만약 어떤 사람이 형제를 향해 화를 품거나 저주를 한다면 하나님은 듣지 않으신다. 한 시간에 세 번씩 기도를 한다고 할지라도 아무것도 얻지 못할 것이다. 형제를 향한 적개심은 응답받는 기도에 이르지 못한다.[24] 나쁜 관계는 아무런 효과도 없는 기도를 낳는다.

17. 성찬eucharist*: 다양한 목소리의 축제

초기 기독교 공동체들이 주일마다 기념했던 성찬 역시 그리스도인들의 하나 됨이 없으면 아무 의미가 없는 것이었다. 성만찬은 성도들의 공동체가 마음으로부터 깊은 감사를 드린 시간이었다. 성찬의 전형적인 기도는 온갖 부정한 것으로부터 정결케 된 영혼들을 위해 주 예수 그리스도가 받으신 고난을 기억하는 기도이다. 그것은 또한 하나님께서 천지를 창조하신 뒤 우리를 구원하시기 위해 하나님의 뜻에 따라 고난받으시고 주권과 능력을 철저히 내려놓으신 당신의 아들을 통해 악한 세력에 사로잡혀 있던 우리를 구원하셨음을 찬양하는 기도였다.[26] 초기 기독교의 성만찬은 일반적으로 미리 준비된 기도보다는 즉흥적이었으나 전통에 따라 공동체를 대신해서 장로들이 드리는 기도였다.[26]

그러나 마르셀 메츠거Marcel Metzger는 모든 다수의 사람들이 기도할 수 있었던 시간은 성만찬에서의 기도였다고 말했다.[27] 『사도적 전통』의 사본에 의하면 교회의 감독은 기도에 숙달되지 않은 자들을 낙심시켜서는 안 된다고 나와 있다.[28] 콥틱 사본에 의하면 회중 가운데 한 명이 '영광의 기도'를 하였고, 혹은 아라비아 사본은 '고상하고 눈에 잘 띄는 기도'를 드렸다고 나타나 있다. 나머지 사람들은 아라비아Arabic어로 낭송 혹은 기도를 마치고 '영광'이라 말하면서 아니면 '찬양'이라고도 하면서 짧게 기도했다. 모든 번역문들은 감독들의 세심한 배려에 대해서 전혀 의심하지 않았는데, 이러한 자발적으로 참여하는 기도에 대해서 '너무 길지 않고 알맞다', '그분의 능력에 합당하다,' 혹은 '적절하다'라고 명기했다. 그들은 또한 그런 기도가 '건전하고 교리적으로도 정통적'이고 역설했다.

이러한 사본들에 의하면 어떤 공동체들 안에서는 성찬의 기도가 긴장을 유발한다고 했다. 누구든지 당시의 이런 상황에서 다음과 같이 상상해 볼 수 있다. 교회의 어떤 감독들은 교인들이 일터로 가야만 한다는 사실을 알고 있기 때문에, 비유하자면 그들이 시계를 본다는 사실을 알고 자신의 설교 시간을 줄이려고 애쓰는 것을 상상할 수 있다. 그와는 달리 다른 교인들은 자신들의 찬양을 회중들과 함께 드리는 통성 기도의 일부로 생각해서 더욱 열망하는 사람도 있었다. 성만찬은 결국 공동체의 공적 예배에 맞춰진 결속의 의식이었다. 그것은 열정적으로 참여하는 시간이었다. 모든 사람들은 '아멘이라고 동의하면서 찬양했고'[29] 그때는 아마도 거대한 열정과 영적 집중이 있었을 것이다.[30]

그러나 만약 그리스도인들 사이에 올바른 관계가 성립되지 않았다면 이러한 노력은 다시 한 번 파괴될 수 있는 것이었다. 터툴리안에 따르면 하나님이 가장 중요하게 여기시는 것은 "제단에 나아가기 전에 형제들이 평화를 이루는 것이다. 우리가 어떻게 평화를 누리지 못하고 평화의 하나님께 다가갈 수 있다는 것인가?"[31] 키프리안도 이에 대해 똑같은 입장이었다. 그는 하나님께서 우리에게 "평화를 만드는 사람이 되고 서로 하나 되어 하나님의 전에서 한마음을 품은 사람들이 되라고 명령하셨다"고 했다. 하나님께서는 세례를 통해서 우리를 하나로 만드셨고, 그리스도인의 공동체가 평화의 공동체가 되기 위해 우리가 '계속해서 거듭남으로써' 하나 되어야 한다고 가르치셨다. 그래서 키프리안은 "하나님께서 이 부분에 대해 많은 관심이 있으시고 불일치 속에 있는 사람들의 희생을 받지 않으신다"고 말했다. "오히려 먼저 형제와 화해한 후 다시 제단으로 돌아오기를 원하신다.… 우리의 평화와 형제간의 일치가 하나님께서 받으시는 훨씬 더 큰 희생제사인 것이다…."[32]

키프리안은 의식儀式만으로 드리는 예배는 잘못된 것이라고 확신했다. 그리고 그는 다른 저서를 통해서도 "선한 행실과 행위 없이 세례를 받고 성찬에 참여만 하는 것은 별 의미가 없다"고 지적했다.33 예배의 목회적 목적은 바로 사람들이 구별된 삶을 살도록 능력을 부여하기 위함이었다.

18. 연보: 나눔의 백성 만들기

자유와 평화의 공동체를 발전시키고자 한 목표는 예배의 봉헌의식 발전에도 서서히 활기를 불어넣었다. 초기 기독교 저술가들은 부의 위력이 사람의 영혼과 인간관계를 파괴하는 것을 알고 처음부터 염려하였다. 그들은 처음 수 세기를 지나오면서 자유인으로 살고자 하는 열망이 있었다. 이레니우스는 『우리의 해방자』라는 그의 저서에서 그리스도께서 자신과 자신의 제자들이 구약의 율법이 요구하는 것을 넘어설 수 있도록 자유롭게 하셨다고 기뻐했다. 율법에서는 십일조를 드려야 한다고 했지만 예수께서는 우리의 모든 소유를 가난한 자들과 함께 나누라고 말씀하셨다.[34] 십일조의 한도에 대한 이야기는 초기의 다른 기독교 저작 가운데서도 발견된다. 십일조는 의무였지만 초기 기독교 그리스도인들은 자발적인 나눔을 더욱 강조하였다. 그들은 또한 십일조가 많다고 생각하지 않았다. 예수는 제자들에게 "네가 가진 모든 것을 팔아 가난한 자들에게 주라"고 말씀하셨다.[35] 그러면 왜 나눠야 하는가? 키프리안에 따르면, 사람들은 자기의 소유

로 인해 구속받고 자유를 빼앗기기 때문이다.[36]

키프리안은 그의 저서 『데 라프시스*De Lapsis*』에서 부富와 배교背教 사이에는 분명한 상관 관계가 있다고 기록했다.[37] 『바나바의 서신』과 『디다케12 사도의 가르침』로부터 터툴리안에 이르기까지 초기 그리스도인들은 "[그들의] 형제들과 모든 것을 나누고 아무것도 [그들] 자신의 것이라고 부르지 않는 것"이 복된 소식임을 발견했다.[38] 이것은 그들의 공동체 안에서 사유재산이 없어졌다는 것을 의미하는 것이 아니라 부의 축적이 유발하는 두려움을 해결할 수 있었기 때문에 사람들은 자유롭게 나누고 교회의 기금에 온전히 헌납할 수 있었다는 것을 의미했다. 이 교회 기금은 상대적으로 빈곤한 그리스도인, 과부, 고아, 수감된 자 그리고 다른 일반 비기독교인들을 지원하는 데도 사용되었다.[39] 그리스도인들이 인식하고 있었던바, 이것이 복음good news이었다. 교회 밖에 있었던 갈렌Galen 같은 철학자들로부터 아주 가까운 이웃에 이르기까지 사람들은 그리스도인들을 경이로움 가운데 지켜보았다. "보라, 저들이 서로 어떻게 사랑하는지…."[40]

이 기간 동안 의식은 점차 예배를 통한 아낌없는 마음에서 드리는 연보로 발전되었다. 그리스도인들은 우선 도움이 필요한 형제, 자매들에게 직접 전해주거나, 또는 감독과 집사 같이 중간에서 전달해 줄 수 있는 사람을 통해 회중의 공동기금으로 기부했다. 그러나 그러한 구제는 2세기까지 주일예배 상황에서 이루어졌다. 터툴리안은 카르타고에 있었던 그의 공동체에서 이러한 구제가 한 달에 한 번 있었다고 기록했다. 저스틴에 따르면 로마에서는 매주 있었던 것으로 보인다.[41] 사람들은 예배 시간에 돈을 가져왔을 것이다. 어떤 공동체에서는 음식『사도적 전통』 5-6장에 보면 빵과 포도주와 함께 기름, 치즈 그리고 올리브에 대한 축복기도가 나온다을 가지고 왔을 것이다. 집사와 감독들은 그런 음식 중에서 빵과 포도주를 성찬에 쓸 수 있도록 가져왔다.

3세기 후반에는 사람들이 옷과 신발을 가지고 왔던 것이 분명하다.[42] 모든 사람들 심지어 극빈층도 "희생제물헌금/헌물을 [가지고] 성찬에 오도록" 권유받았다.[43] 이 기간에 대한 정확한 사항을 알기에는 자료가 부족하지만, 사람들이 교회 건물로 들어갈 때 입구 옆에 놓인 탁자 위에 다양한 종류의 헌물을 놓고 들어간 것으로 보인다.[44] 그리고 봉헌 과정을 감독하는 집사들은 성찬에 사용될 음식을 분류했다. 다른 헌물들은 '모든 사람의 필요를 채우는 자'들인 공동체의 다양한 사역을 책임지는 지도자들에게 맡겨졌다.[45] 그러한 환경에서 구제하지 않으면 성찬을 거부하는 것이요, 이는 공동체의 일치된 정신을 해치는 것이었다. 봉헌은 부의 축적이라는 중독에서 해방된 자유로운 '나눔'과 '관대한' 사람들의 공동체를 위한 어떤 특별한 예배 의식이었다.[46]

19. 설교: 그리스도인에 대한 권면

이교도들이 그리스도의 이름을 모욕하지 않도록

우리는 초기 그리스도인의 예배 요소에 관한 고찰을 신앙문답자들이, 기존의 교인들과 함께, 경험했던 설교로 돌아가서 결론 지으려고 한다.[47] 기독교가 공인되기 이전에 '강론sermon'이나 '설교preaching'라는 말을 사용하는 것은 회중들에게는 수동적인 긴 연설을 의미했기 때문에 위험한 일이었다.[48] 그것은 초기 기독교의 소수 그리스도인들만이 인식할 수 있는 현상이었다. 초기 기독교 주일예배 상황을 회상해 보자. 서로 잘 아는 적은 수의 사람들이 가정집 같은 곳에서[49] 이른 아침 일터로 가기 전에 약 한 시간 동안 모였다.[50] 일요일이 휴일이 된 것은 321년 기독교가 로마제국의 종교가 된 이후부터다. 이 모임에서는 말씀을 읽고 전하는 것 외에도 기도와 성찬이 행해졌을 것이다. 그러므로 설교 시간은 제한되었고 그것은 전형적으로 30분 이내였을 것이다.[51] 또한 설교자는 억압받는 일상의 사람들을 돌보는 책임을 느끼며 친숙한 말을 사용했을 것이다. 이러한 상황에서는 로마의 빅토르 감독이 했을 것으로 추정되는 '주사위 놀이를 하는 사람들'이라는 초기 라틴어 설교가 잘 어울렸다. 설교 시간이 적당했고21분 성경을 많이 참고하면서도 실천적인 권고의 시간이었다. "오, 그리스도인들이여, 여러분들에게 부탁합니다…"라고.[52] 반면에 사르디스 멜리토Melito of Sardis의 이른바 '부활절에 대한 On the Pascha' 설교는 상황에 덜 적합했다. 36분 이상이면 긴 편이다. '지나치게 수사학적인 표현'은 사르디스의 전형적인 회중과 의사소통하기에는 너무 세련되고 문학적으로도 난해했다.[53] 이와는 대조적으로 오리겐의 「누가복음 설교 *Homilies on Luke*」는 멜리토의 '설교'보다 훨씬 짧고 좀 더 직설적이며 이해하기 쉬웠다. 그의 주일 성찬 예배에서의 누가복음 설교는 신앙문답교육 시간에 전했던 오리겐의 구약 설교의 평균 삼분의 일 정도 길이였다.[54] 그러나 우리는 오리겐의 설교 시간만이 일반적이었다고 추론해서는 안 된다.

우리는 전형적인 회중을 위한 가르침과 통찰을 얻기 위해 저스틴의 첫 번째 『변증 *Apology*』을 참고할 수 있다. 우리는 여기서 2세기 중엽 로마에서 예배를 드릴 때 공동체의 지도자가 설교[dialogou] 시간에 사도들의 회고록과 선지자들의 글을 시간이 허락하는 한도에서 낭독한 후에 그들의 숭고한 행적들을 닮도록 [청중들을] 강권하고 초청했을 것이라는 사실을 알 수 있다.[55] 우리는 공동체의 대표가 성경말씀을 해석하고 공동체의 삶에 적용했던 한 가지 양식을 알 수 있다. 예배 학자들은 저스틴을 너무 신뢰한 나머지 일반화하지 말라고 충고하지만[56] 필자는 이러한 저스틴의 양식이 아마도 널리 퍼져 있었을 것이라고 생각한다. 일반적으로 설교는 오직 한 사람만이 했던 것은 아니다. 설교에 참여했던 사람들은 유대인들이 회당에서 모였던 것을 보아서도 알 수 있고, 고린도전서 14장의 말씀에서도 알 수 있듯이 여러 사람이었다는 것을 알 수 있다.[57] 터툴리안은 카르타고의 예배에 대한 보고에서 '모임의 권고exhortation, 견책rebuke, 신령한 비판divine censure'에 대해 말했다. 그의 설교는 분명히 교회 회중들을 위한 삶의 권고였지만 몇 명이 설교했는지는 언급하지 않았다.[58]

초기 설교에 사용된 용어를 가장 잘 알 수 있는 문서는 아마도 『클레멘트의 두 번째 서신*2 Clement*』이다. 저자를 알 수 없는 2세기 문헌의 기록 장소에 대해서는 아직도 의견이 분분하지만, 적어도 이 문서가 한 편의 설교였다는 사실은 분명하다.[59] 클레멘트는 공동체의 전형적인 예배에서 장로들이 몇 명이라고 언급하지 않았지만 사람들을 권고했다고 진술했다. 그러나 그는 이런 경우에 "하나님의 말씀을 낭독한 후 사람들에게 그 말씀을 이해시키기 위해 권면의 글을 읽어주었다." 권면의 글을 한 사람만이 읽는다면 그것은 여러 장로들의 즉흥적인 권면, 즉 일반적인 전형을 이탈하는 것이었다.[60] 클레멘트가 다루었던 내용은 비록 형태가 드물긴 했지만 전형적인 주제였던 것으로 보인다. 클레멘트의 관심은 그리스도인들의 공동체를 바르게 유지하는 것이었다. 그는 공동체가 직면한 문제들, 즉 지연되고 있는 재림, 그리스도인 자녀들의 차가워진 신앙, 돈에 대한 은근한 사랑 등에 대해서도 다루었다.[61] 그는 공동체의 증거에 대하여 염려했다. 이웃들은 그리스도인으로부터 전해들은 '하나님의 신탁神託에 대하여 그 아름다움과 위대함에 경탄했지만' 그리스도인들의 삶이 언행일치하지 않는 경우에는 그것이 '하나의 신화요 기만'이라고 조롱했다고 기록했다.

> 우리가 "만일 너희가 너희를 사랑하는 사람을 사랑하면 상이 없으나 너희 원수와 너희를 미워하는 자들을 사랑하면 상이 있으리라"는 하나님의 말씀을 들었을 때 그 초월한 사랑에 놀랐지만 우리가 우리를 싫어하는 사람들을 사랑하지 못할 뿐만 아니라 우리를 사랑하는 사람조차도 사랑하지 못하는 것을 보면 사람들은 우리를 욕하고 그리스도의 이름을 모욕할 것이다.[62]

클레멘트는 회중들에게 예수의 가르침을 실천하는 것이 그들이 해야 할 복음전도의 일부라고도 상기시켰다. 이교도들은 이것이 새롭고 흥미로우며 아름답다는 것을 발견했다. 그러나 그리스도인들이 예수님의 가르침을 따라 살지 않는 것이 이방인의 눈에 비쳐졌을 때는 그들의 신앙은 이미 총체적이지 않았고, 그것이 오히려 그리스도를 증거하는 데 방해가 된다고 보았다. 이러한 사실에 비추어 클레멘트는 우리 모두가 하나님의 나라에 들어가기 위해 교회가 근본으로 돌아가야 한다고 주장했다. 다시 말해서 세례받을 때 서약한 "거룩하고 올바른 행동과 믿음 그리고 무엇보다도 서로 사랑하라는… 말씀에 충실해야 된다고 말했다."[63]

우리는 클레멘트가 설교 중간에 사람들로부터 "도대체 그게 무슨 말씀이죠? 어떻게 교회가 그럴 수가 있죠?"라는 질문을 받았을 때 설교에 방해가 되었는지는 알 수 없다. 그러나 초기 설교에서는 교인들이 중간에 나서서 질문을 했다는 증거가 확실히 있다.[64] '*Dialegou*'와 '*dialexis*'라는 헬라어 단어는 모두 분명히 '대화dialogue'를 가리키는 어원상의 요소를 가지고 있는 것을 봐서도 알 수 있다. '*Sermo*'라는 라틴어 단어 역시 '둘 이상의 말하는 자들이 서로 이야기를 교환하는 것, 즉 대화와 토론'을 의미하였다.[65] 만약 클레멘트의 설교 속에 대화적인 요소가 있었다면, 공동체를 형성하는 매개체를 설명함에 있어, 예수님의 말씀과 가르침을 실제 상황에 어떻게 적용해야 하는지에 대해 말할 수 있었을 것이다.

성경말씀을 공동체 삶에 적용시킨 더 많은 설교의 증거는 폰티우스라는 전기작가가 키프리안의 삶을 기록한 내용을 통해 더 자세히 알 수 있다. 250~251년 데시우스 황제의 박해가 있었을 때 카르타고의 그리스도인들은 많이 죽었고 또 배교한 사람들도 있었다. 251년 말에는 종교에 상관없이 이교도들과 그리스도인들을 똑같이 죽게 한 큰 전염병이 돌았다. 부유한 이교도들은 몸서리치고 달아났으며 전염병에 걸린 사람들을 피해 다녔다.[66] 도시에는 시체들이 쌓이고 있었다. 그리스도인들은 무엇을 해야 했을까? 폰티우스에 따르면 키프리안은 그리스도인들의 공동체가 그들의 소명에 신실해야 한다고 권고했다. 그는 하나님의 선하심과 자비하심을 설명하면서 지역 주민들이 처한 상황으로 돌아가서 이렇게 말했다.

> 우리가 단지 우리 그리스도인들만을 소중히 여기고 우리끼리만 친절을 베푼다면 놀라운 일이 아니지만 세리나 이교도들이 하는 것 이상으로 선으로 악을 이기고, 하나님께서 관용을 베푸신 것같이 관용을 베풀고, 원수조차도 사랑하며, 주님께서 권고하신 대로 핍박하는 자의 구원을 위해서 기도한다면 우리는 온전하게 될 것이다. 하나님께서는 계속해서 태양을

> 떠오르게 하시며 비를 내리셔서 씨앗들을 기르시고 이러한 모든 선하심을 그의 백성들에게 보이실 뿐만 아니라 이방인들에게도 그러하시다. 만일 누가 스스로 하나님의 아들이라고 고백한다면 그 사람은 아버지를 본받아야 함이 마땅하지 않은가? 우리는 하나님의 자녀로서 다시 태어났기 때문에 그분의 자녀로서 합당한 삶을 살아야 한다.… 67

키프리안의 설교는 전염병이 돌고 있는 위험한 상황 속에서 그리스도인들이 신앙문답교육에서 답한 대로 행하라는 가르침이었다. "살아 계신 하나님께서 죽은 자도 살리시는 그 능력으로 함께 하신다는 보증의 말씀을 믿으라."68 공동체는 예수를 따르는 특징적인 삶을 살도록 부름을 받았다. 키프리안은 여기서 마태복음 5:43-48의 말씀을 그들이 처한 위험한 상황 속에 적용하면서 동료 그리스도인들이 자신의 삶을 구하거나, 심지어 그리스도인 공동체의 생존만을 확보하기보다는 이교도들과 다르게 행하라고 역설했다. 이것은 그리스도인들이 최근에 자신들을 핍박하던 원수들을 사랑할 수 있는 기회였다. 그들은 카르타고에 머물렀고 이교도들과 그리스도인들을 동일하게 돌보며 사랑할 수 있었다. 그리스도인들이 이교도들과는 다르게 행동 할 수 있었던 것은 그들이 "죽음에 대한 두려움을 벗고 천국의 기쁨을… 기대할 수 있었기 때문이었다."69 최근의 연구에서 이러한 선교적 원칙과 효과는 자명한 것으로 드러났다. 전염병으로부터 도망가지 않고 남아서 사람들을 돌보아주었던 소수의 그리스도인 공동체는 이교도 이웃에 비해 높은 생존율을 얻었고 그러한 위기상황을 통과하면서 그리스도인들이 돌봐주었던 이교도들은 자신들의 신앙과는 달리 기꺼이 그리스도인들의 신앙에 마음을 열었던 것이다.[70]

제4부
크리스텐덤의 도래

콘스탄티누스 이전의 기독교는 성장했다. 그리고 그 기능이 최상으로 발휘될 때 교회의 예배는 그리스도인들이 세상에서 구별된 삶을 살 수 있도록 만들었다.

그렇다면 크리스텐덤은 언제부터 시작되었는가?[1] 이미 3세기와 4세기에 기독교적 활동이 증대되면서 주요한 변화들이 일어나고 있었다. 오리겐은 데시우스 황제의 박해 이전에 비탄에 젖어 말하기를 "도대체 우리가 보고 있는 저 운집한 군중들은… 진정한 그리스도인들인가?"라는 의문을 제기했다.[2] 그리스도인들을 붙들고 있는 '부자와 고관들, 그리고 명문 가문에서 태어난 고상한 숙녀들'에게 오리겐은 경의를 표하면서도 "어떤 사람들은 약간의 명성을 위해 그리스도인을 가르치는 지도자가 되려고 한다고도 생각했다."[3] 교회는 260년부터 303년 사이의 발레리안 박해 이후, 더욱 더 빠른 속도로 성장했다. 프랜드W.H.C. Frend의 논지를 발전시킨 학자들은 이 시기를 '기독교의 승리The Triumph of Christianity'로 보았다. 이러한 관점에서 볼 때 303~312년에 있었던 '대환란The Great Persecution'은 무섭고 치명적이었지만 이교도들은 결국 망연자실했고, 이제는 돌이킬 수 없어 보이는 기독교의 팽창을 억제하려는 필사적인 시도를 하였다.[4]

다른 학자들은 크리스텐덤이 도래한 것에 대해 콘스탄티누스 황제 1세의 역할을 더욱 강조했다.[5] 312년에 콘스탄티누스는 회심했고 그리스도인들이 오랫동안 바랐던 기독교의 공인을 이끌어냈다. 그의 오랜 통치 과정을 통해 기독교는 상류사회로 들어서게 되었다. 기독교의 성장을 저해하는 요소들이 사라지고 그것을 고무하는 요소들이 나타나면서 교회는 전보다 더 빠르게 성장했다. 어떤 학자는 그리스도인들의 수가 4세기 말까지 제국 전체의 50퍼센트를 차지할 정도로 빠르게 증가했다고 과감하게 말한다.6

392년까지 데오도시우스 황제 1세가 정통 기독교의 예배를 제외한 어떠한 공적인 예배도 비합법화했을 때 크리스텐덤의 구성 요소들은 견고히 자리 잡았고 기독교의 가치를 공표한 문명이 탄생했다. 또한 국가와 관련된 모든 교회는 기독교를 후원하기 시작했으며, 그것은 강권적이고 선택의 여지가 없는 종교로 변해버렸다.

20. 교회 성장과 신앙문답교육의 쇠퇴

그것은 예상 가능한 일이었다. 비기독교인들의 예배는 금지되었고 기독교로 인해 출세 가능성은 많아졌으며, 이교도의 신전들이 파괴됨으로써 교회는 한층 더 성장하게 되었다. 허버트 버터필드Herbert Butterfield 경이 '유인inducement과 강압compulsion'이라고 부른 과정을 통해 기독교는 이제 로마제국에서 경쟁상대가 없는 종교가 되었다.[7] 그리고 수 세기를 지나오면서 그리스도인이 되는 필연적인 방법과 의미 모두가 점차적으로 변하기 시작했다.

4세기 초에 작성된 이집트의 파피루스는 한 가지 단서를 제공했는데, 그것은 신앙문답자를 권고하는 편지로 나중에 이름을 기입할 수 있게 한 형식의 문서가 발견된 것이다.[8] 적어도 이 문서를 작성한 공동체에서는 세례 지원자들을 받아들이는 데 정밀한 조사 대신에 상투적 절차를 밟았다는 것을 알 수 있다. 신앙문답교육을 위해 할당된 기간 또한 짧아졌다. 『사도적 전통』에서 3년이었던 것이 이제는 길어야 사순절Lenten season 기간 정도로 바뀌게 된 것이다. 게다가 시간이 지나면서 문서기록을 남겼던 신앙문답교사들은 세례 지원자들에게 이러한 새로운 공동체의 역사와 풍습을 가르치는 것보다 정통 교리와 성찬의 신비에 대한 교육을 더 중요하게 여겼던 것으로 보인다. 비록 안디옥의 요한 크리소스톰John Chrysostom이 여전히 실천적 제자도란 주제를 다루기는 했지만, 닛사의 그레고리Gregory of Nyssa 『신앙문답교육 연설문 *Catechetical Oration*』은 정통orthodoxy에 관한 색채가 그대로 남아 있다. 다시 말해 그는 실제로는 거듭남이 없는 사람들의 외관상의 눈에 띄는 행위의 몇 가지 사실에 대해서만 기록했다.[9] 예루살렘의 시릴Cyril은 거의 모든 교리적, 신비적인 것에 대한 관심을 두었다.[10]

이러한 강조의 변화는 가이사랴의 바실Basil of Caesarea이 370년대에 소아시아에서 저술한 것과 어거스틴이 한 세대 후에 북아프리카에서 저술한 것을 비교하면 분명해진다. 바실은 "누구든지 세례를 받기 전에 먼저 제자가 되어야 한다."고 강조했는데 이것은 신앙문답교육 수강자들에게 부와 폭력 같은 실제 영역에서 "이교도들과 세상의 다른 사람들과는 다르게 사는 법"을 가르치는 것을 의미했다. 반대로 몇 년 후 북아프리카의 어거스틴은"세례를 먼저 받고 그 후에 생활방식과 행습을 바꾸도록 가르쳐야 한다."고 주장한 사람들과 논쟁했다.[11] 이러한 상황이 전개되면서 유아세례가 퍼지게 되었다. 529년 저스티니안 1세Justinian I는

유아세례를 황제가 제정하는 법으로 만들었고, 이것은 8세기까지 어디서든지 규범화되었다.[12]

유아들의 부모와 대부모들godparents은 아이들에게 신앙문답교육을 가르칠 수도 있고 그렇지 않을 수도 있었다. 많은 사람들이 회심을 경험하는 상황 속에서 그들이 행동할 수 있게 하는 유일한 가르침의 수단은 대중을 상대로 한 설교였다. 이러한 대중 설교에 사람들이 참석했다는 증거가 있었음에도 불구하고 그것은 전체 주민에 비한다면 낮은 비율이었다.[13] 설교자들은 청중들의 품행이 바르지 않은 것과 '세상의 기쁨에 전념하는 것'에 대해 불평했으며 5세기까지 대부분 지역의 교회 지도자들은 회심자들의 삶과 생활양식이 크게 변하지 않았다고 생각했다.[14] 기독교가 로마제국의 종교로 공인되기 이전의 관점대로라면 사람들의 회심은 부분적인 것에 불과했다.

21. 예배의 확대

로마에서 기독교가 공인된 이후, 기독교 세상이라고 자인하는 곳에서의 교회는 지배적인 기관이 되었다. 교회 예배는 바뀌었고 정교회 예배신학자인 알렉산더 쉬메만Alexander Schmemann은 예배를 '확대amplification'라는 말로 특징지었다.[15] 우리는 여기서 그러한 변화에 대해서 거슬러 올라가 확인할 수 없다. 그렇게 하자면 필자는 또 다른 책을 써야 할 것이다.

그전의 초기 기독교의 예배가 좀 더 관계적이었던 것에 비해, 기독교가 공인된 이후에는 예배자의 수가 증가함에 따라 의식儀式적인 측면이 더 부각되었다는 사실만으로도 변화를 설명하기에 충분하다.[16] 이것은 평화가 위축되는 동시에 일어나는 또 다른 의식인 봉헌 행렬의 개화開花를 상징하는 것이었다.[17] 장엄한 제식祭式을 지내는 것뿐 아니라 의식에 있어서도 상당히 많은 부분을 제국의 법정으로부터 빌려왔는데 "그 때문에 기독교는 사회적 권력의 합법적인 기능을 담당하기 시작했다."[18] 물론 정교하게 짜여진 예배를 진행하는 성직자들에게 지불해야 할 돈도 필요했다. 이 자금은 크리스텐덤에서 세금의 한 종류였던 십일조에서 충당되었다. 585년 서방 교회의 제2차 마꽁Mcon 공의회에서는 사람들이, 이레니우스 교부가 살아서 들었더라면 기겁을 했을 '초기 기독교의 관례ancient usage'라고 하면서, 옛 로마의 속령이었던 갈리아Gaul의 그리스도인들이 교회의 예배를 책임지는 사람들에게 십일조를 낼 것과 그렇지 않을 경우에는 파문될 것이라는 어처구니없는 사실을 호소하며 이를 정당화하기도 했다.[19]

22. 평화와 그리스도인의 정체성에 대한 크리스텐덤의 이해

콘스탄티누스 황제 이후 기독교 시대가 진보하면서 어떤 그리스도인들은 예수님의 근본적인 가르침예를 들어 이레니우스가 호소했던 '부富'에 대한 경고를 제한하기를 그것은 성직자나 각 종파의 엘리트elite에게만 해당되는 항목이라고 했다. 다른 사람들은 그리스도인들이 예수의 가르침을 일상의 삶에서 관습적으로 실천할 필요가 없는 것으로 취급했다.[20] 크리스텐덤 사회가 된 이후에는 이사야 2장과 미가서 4장의 "칼을 쳐서 보습을 만들고"라는 말씀을 사용하는 데 있어서 그리 심각하게 받아들이지 않았다.[21] 그러나 크리스텐덤 이전의 이레니우스나 오리겐과 같은 저술가들은 기독교 공동체들이 이러한 말씀들을 이미 경험했고, 그것이 예배를 통해 양성되어야 할 필요가 있으며, 적절한 행동양식으로 발전되어야 하는 종말론적 평화에 대한 증거라고 호소했다.[22]

다른 한편으로 알렉산드리아의 시릴은 기독교가 로마제국의 종교가 된 이후인 5세기 초, 이 본문이사야 2장을 교회가 아닌 제국에 적용하였다. 로마는 무력으로 많은 나라들을 정복했고 백성들은 결국 개종하게 되었기 때문에 칼을 쳐서 보습을 만드는 일이 가능했다고 주장한 것이다.[23] 서양에서의 기독교가 국가 종교로 되면서 크리스텐덤의 이해를 더욱 확고히 마련한 사람은 히포의 어거스틴이다. 그는 초기 기독교의 저술가들이 그토록 중요하게 여겼던 이 구절들을 단 한 번도 인용하지 않았다.[24] 하지만 시편에 대한 주석에서 그는 "저가 땅 끝까지 전쟁을 쉬게 하심이여"시편 46:10와 같은 구절은 인용했다. "이 말씀은 아직 성취되지 않았다.… 당파 간의 싸움이나, 유대인들, 이방인들, 그리스도인들 또는 이단자들 간의 전쟁은 계속되고 있다. 우리가 이 땅에서 갈망하는 평화는 오직 개인끼리 화해할 때 마음속에서 또는 하늘나라에서만 발견할 수 있을 것이다."[25]

콘스탄티누스 이후의 초기 기독교에 대한 이해는 바뀌었고 그 용어들도 새로운 의미를 갖게 되었다. 콘스탄티누스 이후의 기독교인들은 여전히 '외국인 거주자*paroikoi/parochiani*'라고 불리었지만 그 의미는 더 이상 '이 땅에 사는 이방인*resident alien*'이 아니었다.[26] 그것은 지금 다른 종교를 신봉하는 나라의 통치자들이 다스리는 사람들과 다르다는 뜻에서의 '교구민, 거주자'라는 뜻이지 그들의 이웃과 다르다는 말은 아니었다. 모든 사람들이 기독교인인 곳에서 그들의 주된 충성 대상은 더 이상 국가를 초월한 하나님의 가족이 아니었다. 그보다는 같은 인종으로 같은 장소에 사는 사람들이었다. 따라서 초기 기독교 세계주의는 지역주의로 대체되었다. 이미 370년대에 가이사랴의 바실은 갑바도기아의 기독교인들이 "전 세계로부터 자신들을 분리시킨 고립"을 인지하고 있었다.[27]

23. 크리스텐덤 이후의 예배와 복음전도

크리스텐덤으로 인해 여러 가지 유익한 점이 있었는데도 불구하고 우리는 오늘날 더 이상 그런 체제나 사회에 살지 않고 있다. 강압적인 기독교 위에 세워진 거대한 체계는 산산이 무너졌고, 이제는 많은 서구 국가에서 교회에 가는 것을 반反문화적인 행동으로까지 보고 있다. 실제로 오늘날 어떤 사람들은 자신들을 분명한 이교도로 간주하기도 한다. 그들은 서구 역사 속에서의 기독교를 하나의 삽입된 역사로 보고, 기독교가 언젠가는 좀 더 진정한 유럽의 이교도 신앙에 의해서 어쩔 수 없이 대체될 것이라고도 생각한다. 반면에 우리들 중에는 기독교가 서구사회에서 곤경에 빠져 있음을 인지하는 사람들도 있다. 만약 교회가 생존하게 된다면 그것은 교회의 억압하는 능력 때문이 아니다. 그리고 크리스텐덤의 틀에 박힌 상투성 속에서 마치 아무 변화도 없는 것처럼 계속 분투하는 예배가 있기 때문도 아니다. 그것은 오히려 그리스도인들이 이 땅의 단순한 거주민으로서가 아니라 초기 기독교에서의 나그네 같은 외국인 거주자로서, 또한 상상력이

풍부한 예수님의 제자로서 우리 시대에 복음을 전하면서 살아가도록 하나님의 성령께서 그리스도인들을 예배로 인도하시기 때문이다.

필자는 예배가 크리스텐덤 이전의 그리스도인들을 양육했던 것 같이 오늘날에도 우리로 하여금 문화의 선교사가 되도록 양육한다고 믿는다. 그리고 만약 우리가 세심하고 풍부한 상상력으로 새로운 의식으로 실천한다면 초기 기독교의 예배는 우리들의 현 교회를 도울 것이라고 믿는다. 독일에서는 초기 기독교가 고대 교회die Alte Kirche로 불린다. 우리가 이 오래된 교회와의 대화를 시작할 때 이 고대 교회가 비록 콘스탄티누스 이후라 할지라도 우리로 하여금 오늘날 신생 교회 안에서 영원토록 예수 그리스도를 따를 수 있게 도움을 준다고 생각하지 않는가?

후 주

제1부 · 초기 기독교의 성장

1 *Epistle to Diognetus* 6.9; Origen, Contra Celsum 3.9.

2 Peter Lampe, *Die stadtrmischen Christen in den ersten beiden Jahrhunderten: Untersuchung zur Sozialgeschichte*, Wissenschaftliche Untersuchungen zum Neuen Testament, 2. Reihe, 18 (J.C.B. Mohr [Paul Siebeck], Tbingen, 1987) p.161.

3 Graydon F. Snyder, *Ante Pacem: Archaeological Evidence of Church Life Before Constantine* (Mercer University Press, Macon, GA, 1985) pp.77-80; L. Michael White, *Building God's House in the Roman World* (Johns Hopkins University Press, Baltimore, 1990) pp.111-114; Richard Krautheimer, *Rome, Profile of a City, 312-1308* (Princeton University Press, 1980) p.33.

4 Origen, *Homilies on Exodus*, 12.2.

5 Ramsay MacMullen, *Christianizing the Roman Empire (A.D. 100-400)* (Yale University Press, New Haven, 1984) pp.86, 109-110; Robin Lane Fox는 4-5 퍼센트로 추산했다 (*Pagans and Christians* (Harper & Row, San Francisco, 1986) p.592)를 비교할 것.

6 Wolfgang Wischmeyer, *Von Golgatha zum Ponte Molle: Studien zur Sozialgeschichte der Kirche im dritten Jahrhundert* (Vandenhoeck & Ruprecht, Gttingen, 1992) p.24. Cf. Stephen Mitchell, *Anatolia: Land, Men, and Gods in Asia Minor: II, The Rise of the Church* (Clarendon Press, Oxford, 1993) pp.62-63; Rita Lizzi, *Ambrose's Contemporaries and the Christianization of Northern Italy in Journal of Roman Studies 80* (1990) p.159.

7 Tertullian, *Ad Nationes*, 1.7.19; Origen, *Comm on Matthew 24.9-10*, 39.

8 Gustav Bardy, *La Conversion au christianisme durant les premiers sicles* (Aubier, Paris, 1949) 170p.을 참조할 것.

9 Arthur Darby Nock, *Conversion* (Clarendon Press, Oxford, 1933) p.212. *Pseudo-Clementine Recognitions*, 1.6.4f (E. Hennecke and W. Schneemelcher (eds.), *New Testmament Apocrypha* (SCM, London, 1973-1974) pp.538-9)와 같은 명백한 이론도 마이클 그린(Michael Green)이 확신한 옥외 복음전도가 처음 두 세기 동안 지속됐다는 주장을 충분히 입증할 만한 증거는 되지 못한다. *Evangelism in the Early Church* (Hodder and Stoughton, London, 1970) p.197.

10 Georg Kretschmar, *Das christliche Leben und die Mission in der frhen Kirche* in H. Frohnes and U. W. Knorr (eds.) *Kirchengeschichte als Missionsgeschichte: I,*

Die Alte Kirche (Chr. Kaiser Verlag, Munich, 1974) p.94.

11 Y. Congar, *Souci du salut des paens et conscience missionaire dans le christianisme postapostolique et prconstantinien* in P. Granfield and J. A. Jungmann (eds.) *Kyriakon: Festschrift Johannes Quasten* (Aschendorff, Mnster, 1970) I p.5.

12 I Clement 59.4; Ignatius, *Eph* 10.1; Aristeides, *Apol* 17:3; Justin, Dial 108.3; 『사도들의 가르침 *Didascalia Apoostolorum stolorum*』2.56; Cyprian, *De Oratione dominica* 17; 여기에 Norbert Brox는 (p.212, 9번 주석의 하단을 참조할 것) Justin, *Dial* 35.8; *Apostolic Constitutions* 8.10.16f.를 더하고, 여기에 필자는 Polycarp, *Ep* 12.3; Cyprian, *Ad Demetrianum* 20; Pontius, *Vita Cypriani* 9를 더한다. 이들 중에 넷은 명백히 예수의 원수를 사랑하라는 가르침을 나타내고, 다섯은 그것을 암시적으로 나타낸다. 그리고 단지 둘만이 (I Clement 59.4와 Cyprian, *Ad Dem* 20) '모든 나라' 혹은 보다 일반적인 근거에 기초한 개인의 회심을 위한 기도였다.

13 N. Brox, Zur christlichen Mission in der Sptantike in K. Kertelge (ed.), *Mission im Neuen Testament*, Quaestiones Disputatae, 93 (Herder, Freiburg-im-Breisgau, 1982) p.211. Martin Goodman은 비록 많은 초기 그리스도인들에게 있어서 세계 복음화에 대한 헌신이 '맹목적' 이거나 '소극적' 이었는데도 불구하고 '상당히 의미심장한 역사적 결과' 를 가져왔다고 주장했다 (Mission and Conversion; Proselytizing in the Religious History of the Roman Empire (Clarendon Press, Oxford, 1994) pp.159-160).

14 Cyprian, *Ad Quirinum*, 3, preface, 9, 120. 이 저작의 중요성을 일부분 놓치고 있는데, 그 이유는 몇 편의 후기 소책자에 '세 편의 간증서(Three books of testimonies)' 라는 부제가 더해졌기 때문이다. 여기에 후에 '유대인에게 반대하는(against the Jews)' 말이 더해졌다. Pierre Monat, *Les testimonia bibliques de Cyprien Lactance in Jacques Fontaine and Charles Pietri* (eds.). *Le Monde latin antique et la Bible, Bible de tous les temps*, II (Beauchesne, Paris, 1985) p.501를 참조할 것.

15 초기 기독교 시대의 예배와 복음전도의 관계에 대해서는 그 동안 토론이 많지 않았다. Adolf von Harnack의 권위 있는 저작인 *The Mission and Expansion of Christianity in the First Three Centuries*, 2 vols (William and Norgate, London, 1904-1908)도 이 주제를 다루지는 않는다. Gustave Bardy의 회심에 대한 중요한 책(Conversion pp.280-291)은 몇 가지 유용한 관찰을 제공한다. 그러나 교부시대의 저술가들은 그들의 예배의 선교적 영역에 대해 관심을 쏟지 않았다. Canon Robert Warren에 의해 최근 명명(命名)된 '선교적 의식 (儀式) (missionary liturgy)' 란 말의 동의어는 초기 기독교에는 없었음이 분명하다.

16 MacMullen, *Christianizing* 104p.을 참조할 것.

17 Origen, *Contra Celsum* 8.17; Minucius Felix, *Octavius* 10.2.

18 Dieter Georgi, *The Opponents of Paul in Second Corinthians* (Fortress Press, Philadelphia, 1986) p.90; cf. J. N. Lightstone, *The Commerce of the Sacred: Mediation of the Divine among Jews in the Graeco-Roman Diaspora*, Brown Judaic Studies, 59 (Scholars Press, Chico, CA, 1984) p.12.

19 Pliny, *Ep* 10.96.2.

20 기독교인들은 교리와 의식을 은밀히 행하고 가르친다……그들은 임박한 형벌을 피하기 위해 선의의 의도로 이렇게 한다.(Origen, *Contra Celsum* 1.7).

21 Athenagoras, Legatio 1.3. 오리겐은 '속임수'를 즐기는 사람들은 그리스도인의 모임에서 제외되어야 한다고 기록했다 (Contra Celsum 3.5.1).

22 *Testamentum Domini*, 1.36(James Cooper and A.J. Maclean (eds.) (T.&T Clark, Edinburgh, 1902). 이것은 기독교국가체계 이전에 행해진 것을 반영하는 전통적인 자료이다. 이 문서가 기원 된 연대와 장소는 학자들 간에 의견이 분분하다. 필자는 Grant Sperry-White (*The Testamentum Domini: A Text for Students, Alcuin/GROW Liturgical Study 19* (Grove Books, Bramcote, Notts., 1991) p.6)에 동의하는데 이 문서는 소아시아에서 4세기 후반에(그러나 381년 이전에) 작성되었다. Sperry-White가 제시하지 않은 것 중에 특히 묵시신학(apocalyptic theology)과 은사주의 현상들(charismatic phenomena)이 두드러지게 나타나는 것이 몬타니즘(Montanism) [역주: 2세기 후반에서 3세기 초반의 초기 기독교시대에 프리지아에서 일어난 이단적 기독교 운동]과의 연속성을 반영하는 것이라 볼 수 있을 것이다.

23 『사도들의 가르침 *Didascalia Apostolorum*』(2.39) 그리스도인들은 이교도들이 회개할 것을 약속하고 '우리는 믿는다' 라고 고백했을 때야 비로소 '말씀을 들을 수 있는' 사람으로 받아들인다. *Apostolic Constitutions* 2.39, 또는 Gregory Thaumaturgus, *Canonical Epistle 11*; Laodicea, Canon 43 (152), 그리고 Origen (*Contra Celsum* 3.51), Epiphanius (*Panarion* 3.2.21)을 참조할 것.

24 Origen, *Homilies on Luke* 32.6.

제2부 · 초기 기독교의 예배와 복음전도의 상관관계

1 Cyprian, *Ep* 73(74).11; Firmilian of Neocaesarea, in Cyprian, *Ep* 74(75).15, 이 주제에 관한 키프리안의 말을 인용하고 있다.

2 Cyprian, *Ep* 75(69).2.

3 Aristeides, *Apol* 16: Epistle to Diognetus 2; Origen, *Contra Celsum* 8.7.5; Hip-

polytus, *Comm on Daniel* 1.17; 『사도적 전통』(41, 35).

4 *Didascalia Apostolorum* 6.23.

5 Origen, *Contra Celsum* 3.10.

6 Justin, *Dial* 8.

7 2 Clement, Ep 13.3.

8 Karlmann Beyschlag, Zur Geschichite der Bergpredigt in der Alten Kirche, *Zeitschrift fr Theologie und Kirche* 74 (1977) p.297; R. M. Grant, The Sermon on the Mount in Early Christianity, *Semeia* 12 (1978) pp.215-231.

9 예를 들어, Theophilus의 *Ad Autolycum*에 나오는 신약성경의 구절 8개 중에서 4개가 마태복음 5-6 장에서 인용되었고, 2개가 마 5:44과 마 5:46에서 인용되었으며, Athenagoras, *Legatio*의 인용문 23개 중에서 5개가 마 5-7에 있으며 그 가운데 2개가 마 5:44-46에서 인용되었다. 다음 두 저작의 논쟁에서도 중심적인 강조는 원수 사랑이다. Theophilus, 3.14; Athenagoras, 11.2. 이레네우스(Irenaeus)를 포함하여 교부들의 마태복음에 대한 전체 인용문 중 가장 많이 인용된 구절은 17:5 (변화산에서 이는 내 사랑하는 아들이요……)과 5:44(원수를 사랑하라)인데 각각 17회씩 인용되었고 여섯번째 윤리적 가르침(마 5:43-48)인 원수를 사랑하라는 인용절까지 포함한다면 인용 횟수는 총 37회로 증가하는데 마태복음 어느 구절보다 훨씬 더 많아진다. 이 자료는 Wolf-Dietrich Khler, *Die Rezeption des Matthusevangeliums in der Zeit vor Irenus*, Wissenschaftliche Untersuchungen zum Neuen Testament, 2. Reihe, 24 (J.C.B. Mohr [Paul Siebeck], Tbingen, 1987) pp.541f. 의 통계표에서 참조. (키엘 대학교 피터 램프 (Peter Lampe)교수의 협조를 얻었음). 이 인용문들과 신약의 다른 책에서 인용한 것을 서로 비교해 본다면 좋을 것 같다. 초기 기독교에서 예수의 사랑 계명에 대한 묵상을 위해 Walter Bauer, Das Gebot der Feindesliebe und die alten Christen, Zeitschrift fr Theologie und Kirche, 27 (Ergnzungsheft) (1917) pp.37-54; Eric Osborn, The Love Command in Second-Century Christian Writing in Second Century, 1 (1981) pp.223-243을 보라.

10 Walter Wink, *Engaging the Powers* (Fortress Press, Minneapolis, 1993) pp.185-186. 또한 Victor Paul Furnish, T*he Love Command in the New Testament* (SCM Press, London, 1973) p.106 (re 1 Thess. 5:15: '대구법이 매우 충실해서(벧전 3:9를 보라)사도들이 마 5:38-39, 44와 눅 6:29, 35 이면에 나타나는 것과 유사한 문답식 전통에 의존한 것으로 보인다.'); C.E.B. Cranfield, T*he Epistle to the Romans, International Critical Commentary* (T & T Clark, Edinburgh, 1979) 2 p.645 (롬 12:17을 살전 5:15, 벧전 3:9와 비교: "이 구절 간의 밀접한 유사성은 …… 문답식 전통의 확고한 계통적 서술이 있다는 것을 나타낸다.")

11 Anton Wessels, *Europe: Was it Ever Really Christian?* (SCM, London, 1994)

ch.2; Horst Rzepkowski, Das Papsttum als ein Modell frhchristlicher Anpassung, in *Theo Sundermeier* (ed.) Die Begegnung mit dem Anderen: Pldoyers fr eine interkulturelle Hermeneutik, *Studien zum Verstehen fremder Religionen*, 2 (Gerd Mohn, Gtersloh, 1991) pp.69-93.

12 Eduardo Hoornaert, *The Memory of the Christian People*, transl. By R. R. Barr (Orbis Books, Maryknoll, NY, 1988) p.81.

13 베드로전서 2:11에서 처음으로 기독교 용어로 사용된 이 말은 Pierre de Labriolle의 *Paroecia in Bulletin du Cange* (Archivum Latinitatis Medii Aevi) 3(1927) pp.196-199에서 신중히 연구되었다. 그가 언급하길 (p.198): 기독교인들이 이교도 이웃들과 함께 사는 세상에 대한 이질성(heterogeneity)에 대한 생각은 이 본문에서 가장 자주 발견되는 것 중의 하나이다. 다른 예는 *1 Clement,* preface; Polycarp, *Phil preface*; 2 Clement, *Ep* 5.1; Eusebius, *HE* 5.1.3; *Epistle to Diognetus* 5.5; Pontius, *Vita Cypriani* II를 참조. 할 석; J. H. Elliott가 논증한 것처럼 paroikos라는 말은 초기 기독교인들에게 있어서 신학적인 의의 뿐만 아니라 법적, 사회적으로도 중요성 했을 것이다.

14 Eusebius, HE 5.1.19, 20; *Passio Sanctorum Scillitanorum* (H. Musurillo [ed.] *The Acts of the Christian Martyrs* (Clarendon Press, Oxford, 1972) p.89). 초기 기독교인들의 그리스도 중심의 정체성 형성에 대한 자세한 사항은 J. N. Bremmer, 'Christianus sum: The Early Christian Martyrs and Christ,' in G. J. M. Bartelink, A. Hilhorst and C. J. Kneepkens (eds.), Eulogia: Mlanges offert A. A. R. Bastiaensen l'occasion de son soixante-cinquime anniversaire, *Instrumenta Patristica*, 24 (Nijhoff International, Steenbrugge and the Hague, 1991) pp.11-20을 참조할 것.

15 Tertullian, *Apol* 38.3.

16 Gerhard Lohfink, 'Schwerter zu Pflugscharen' Die Rezeption von Jes 2, 1-5 par Mi4, 1-5 in *der Alten Kirche und im Neuen Testament* in Theologische Quartalschrift 166 (1986) pp.184-209.

17 부분적인 목록에 대해서는 Justin, *Dial* 109, 110.3; 1 *Apol* 39.1-3; Irenaeus, *Adversus Haereses* 4.34.4; Tertullian, Adv Iud 3; idem, Adv Marc 3.21; 4.1; Origen, *Contra Celsum* 5.33; Cyprian, *De Habitu Virginum* 3; Pseudo-Cyprian, *Adv Iud* 3 참조할 것.

18 Justin, 1 *Apol* 23.

19 Eusebius, *HE* 5.1.52-56; *Passio Perpetuae* 21 (Musurillo, p.131).

20 *Passio Perpetuae* 9 (Musurillo, Acts p.117).

21 Eusebius, *HE* 5.1.60.

22 Tertullian, *Apol* 50.13.

23 Celsus, in Origen, *Contra Celsum* 3.55.

24 흥미로운 예로, John Barns and Henry Chadwick, *A Letter Ascribed to Peter of Alexandria in Journal of Theological Studies*, n.s., 24 (1973) pp.443-455를 보라.

25 E. Glenn Hinson, *The Evangelization of the Roman Empire: Identity and Adaptability* (Mercer University Press, Macon, GA, 1981) p.49; Everett Ferguson, *Some Factors in the Growth of the Early Church in Restoration Quarterly* 16 (1973) p.45.

26 *Epistle to Diognetus* 5.

27 Tertullian, *Apol* 3.1.

28 Minucius Felix, *Octavius* 8.4.

29 Athenagoras, *Legatio* 23.

30 Irenaeus, *Adversus Haereses* 2.32.4. 축사가 복음전도와 관련된 다른 내용들은 다음을 참조할 것 Tertullian, *Ad Scapulam* 4; Tertullian, *Apol* 23.18; *Acts of Thomas* 20; Pseudo-Clement, *De Virginitate* 1.10; Minucius Felix, Octavius 27.5-7; Origen, *Homilies on Samuel* 1.10; Origen, *Contra Celsum* 7.18; Lactantius, *Div Inst* 5.24; *Apostolic Constitutions* 8.1. Cf. Everett Ferguson (*Demonology in the Early Christian World*, Symposium Series, 12 (Edwin Mellen Press, New York, 1984) p.129). 로마 세계에서 기독교가 성공할 수 있었던 중요한 이유 중의 하나는 악령들로부터 구원해 준다는 약속이었다.

31 회심에 대한 기적의 역할에 대해서는 바로 그것이 회심자들을 만들어 냈다. 그것 외에 다른 어떤 것도 입증되지 않는다 (*Paganism in the Roman Empire* (Yale University Press, New Haven, 1981) p.96)고 강력히 주장하는 MacMullen과 기적이나 축사가 대중은 차치하고라도 개인을 기독교 신앙으로 변화시킨 역사적 사례는 전혀 없다 (*Pagans and Christians*, p.330)고 알고 있는 Lane Fox 간의 논쟁을 보라. 위의 각주 12에 나오는 그 당시 증언들의 관점에서 볼 때 Lane Fox는 당시의 사람들은 기적이 회심의 한 요소라는 측면을 빠뜨리고 보지 못했다. 반대로 MacMullen은 그의 주장을 매력적으로 과장하는데, 특별히 3세기 중반에 행해진 본도(Pontus)의 그레고리 타우마투르구스(Thaumaturgus)의 사역에서 있었던 기적에 대한 기술을 (너무) 심각하게 받아들였기 때문이다. 당시 지도자들이 전염병을 다루는 전략의 근거를 비교해보면 아주 재미있다: 그레고리는 그의 존재에서 나오는 기적적인 능력으로 질병과 싸울 것을 말했고, 키프리안은 (물론 기적을 믿으면서도) 카르타고의 기독교인들에게 전염병으로 고통 받는 도시에 남아서 감염자들을 돌보라고 강권했다. 그레고리에 관해서는 Gregory of Nyssa, *Life of Gregory; Victor Ryssel, Eine syrische Lebensgeschichte des Gregorius Thaumaturgus* (August Frick, Zrich, 1894)를 참조할 것; 키프리

안에 대해서는 Pontius, *Vita Cypriani* 9; Cyprian, *De Mortalitate* 14, 16을 참조할 것.

32 Origen, *Contra Celsum* 7.18.

33 Justin, 1 *Apol* 14 (밑줄 친 부분은 필자가 삽입한 것임).

34 Ibid.

35 Justin, 2 *Apol* 6.

36 Ramsay MacMullen에 따르면 이러한 일들은 원로원 서열의 최고 지시자들 가운데서 있었다. *Corruption and the Decline of Rome* (Yale University Press, New Haven, 1988)을 참조할 것.

37 세실리어스는 키프리안과 같은 사회계층 출신의 의원이었고, 그러므로 '선재(先在)하는 사교그룹' 의 신자모집 가능성에 대해 설명했는가? L. Michael White, 'Finding the Ties that Bind: Issues from Social Description' in *Semeia* 56 (1991) p.21을 참조할 것.

38 Cyprian, Ep 1, *Ad Donatum* 3-4; Pontius, *Vita Cypriani* 4. 그의 저술 중에 (De Lapsis 11) 키프리안은 '자신들이 가지고 있는' 부(富)가 사슬처럼 묶고 있는 사람들을 - 사탄의 전리품과 먹이로써의 - 영적으로 속박된 사람들로 해석했다.'

39 John Lofland and Rodney Stark, Becoming a World-Saver: A Theory Conversion to a Deviant Perspective in *American Sociological Review* 30 (1965) p.871.

40 Justin, 1 Apol 16.

41 Brox, *Zur christlichen Mission* p.223; John Foster, *After the Apostles: Missionary Preaching in the First Three Centuries* (SCM Press, London, 1951) pp.40, 42.

42 Lane Fox, *Pagans and Christians* p.310; Harnack, *Mission and Expansion* II p.81. 증명하는 예를 위해서는, 큰 무리의 소녀들을 언급하는 *Canons of Elvira* 15를 참조할 것; 또는 *Gesta apud Zenophilum*, 3, in Ramsay MacMullen and Eugene N. Lane (eds.) *Paganism and Christianity*, 100-425 C.E.: *A Sourcebook* (Fortress Press, Minneapolis, 1992) p.249에 나오는 북아프리카의 씰타(Cirta) 교회의 처분에 맡겨진 의복의 목록을 참조할 것.

43 *Didascalia Apostolorum* 3.5. 이러한 은사를 인식한 교회의 남성 지도자들은 그것을 두려워했던 것 같다; 그들의 보다 중요한 관심은 '내적으로 안정되고 외적으로' 적응하는 것이었다. (Rosemarie Nrnberg, 'Non decet neque necessarium est, ut mulieres doceant:' Ueberlegungen zum altkirchlichen Lehrverbot fr Frauen in *Jahrbuch fr Antike und Christentum* 31 1988, p.66).

44 Tertullian, *Ad Uxorem* 2.; *Apostolic Constitutions* 1.10.

45 Augustine to Firmus, *Ep* 2*.4.1-7 (Divjak), q. Peter Brown, *The Body and Society: Men, Women and Sexual Renunciation in Early Christianity* (Faber and

Faber, London, 1989) p.342. Kate Cooper는 이러한 논쟁이 여성들의 복음전도 활동에 관한 것보다는 남성들의 경쟁적인 그룹 사이에 있는 힘의 갈등에 관한 이야기를 드러낼 수 있다고 주장한다.(Insinuations of Womanly Influence: An Aspect of the Christianization of the Roman Aristocracy in *Journal of Roman Studies* 82 1992, pp.150-164)

46 Minucius Felix, *Octavius* 8.4; 9.2.

47 Lampe, *Die stadtrmischen Christen* pp.113-114. 이 점에 관해서 필자의 생각은 게오르그 숄겐(Georg Schllgen)이 자신의 글 ('Probleme der frhchristlichen Sozialgeschichte: Einwnde gegen Peter Lampes Buch' in Jahrbuch fr Antike und Christentum 32 (1989) pp.23-40)에서 밝힌 내용이 램프의 주장보다는 충분하지 않은 듯하다. 로마에서 멀리 떨어진 교회들에서의 이와 유사한 평등화에 대해서는 다음 책을 참조할 것. L. William Countryman, Welfare in the Churches of Asia Minor under the Early Roman Empire in Society of Biblical Literature, *1979 Seminar Papers* (Scholars Press, Missoula, Montana, 1979) I pp.143-144; 그리고 Carole E. Straw, *Cyprian and Mt. 5.45*: the Evolution of Christian Patronage in *Studia Patristica* 18, 3 (1989) 335p.을 참조할 것.

48 Lane Fox, *Pagans and Christians* p.330. 303년 이집트의 한 교회에서 예배시간에 성경봉독하는 사람의 아버지 이름은 코프리우스였는데, 그 뜻은 '쓰레기더미에서 줍는(off the dung heap)'이란 뜻이다. (ibid. p.282).

49 Hermas, *Sim* 9.20.2; *Didascalia Apostolorum* 2.61.

50 Minucius Felix, *Octavius* 8.4; 9.2.

51 Barbara Ellen Bowe, A Church in Crisis: Ecclesiology and Paraenesis in *Clement of Rome*, Harvard Dissertations in *Religion*, 23 (Fortress Press, Minneapolis, 1988) pp.4, 155.

52 황제의 경우에는 손이나 옷자락, 무릎 등에 입맞춤 한 것을 당연한 것으로 여겼다. (그러나) 서로 평등한 일반 사람들의 입맞춤은 같은 수준에서 이루어졌다. (MacMullen, *Corruption and the Decline of Rome* p.63).

53 예를 들면 Epiphanius, *Panarion* 26.4-5. Cf. Sephen Benko, *The Libertine Gnostic Sect of the Phibionites according to Epiphanius in Vigilae* Christianae 21 (1967) pp.103-119을 참조할 것.

54 Athenagoras, *Legatio* 32.

55 Minucius Felix, *Octavius* 31.7; 38.5.

56 Brox, *Zur christlichen Mission* p.211.

57 *Didascalia Apostolorum* 2.54; cf. *Apostolic Constitutions* 4.54.

58 『사도적 전통』 29.

59 *Canons of Hippolytus* 19.

60 Eusebius, *HE* 7.3 2.7-12; Pontius, *Vita Cypriani* 9, 부연설명을 위해서는 Kretschmar, *Das christliche Leben* p.124을 참조할 것; Rodney Stark, *Epidemics*, Networks, and the Rise of Christianity, *Semeia* 56 (1992) pp.159-175.

61 Julian, *Ep* 22 (MacMullen and Lane, *Paganism and Christianity* pp.270-271)를 보라.

62 The First Greek Life of Pachomius in Armand Veilleux (ed) *Pachomian Koinonia, I: The Life of Saint Pachomius and his Disciples* (Cistercian Publication, Kalamazoo, MI, 1980) pp.300-301.

63 Henry Chadwick, *The Early Church* (Penguin Books, Harmondsworth, Middx. 1967)p.56;cf. Kretschmar, Das christliche Leben p.120.

64 Joseph Lynch, *Godparents and Kinship in Early Medieval Europe* (Princeton University Press, 1986) p.120. 유아세례의 기원에 관한 최근의 토론에 관해서는 Everett Ferguson, Inscriptions and the Origin of Infant Baptism in *Journal of Theological Studies* n.s.30 (1979) pp.37-46; David F. Wright, *How Controversial Was the Development of Infant Baptism in the Early Church?* in J. E. Bradley and R. A. Muller(eds.), *Church, Word and Spirit: Historical and Theological Essays in Honor of Geoffrey W. Bromiley* (Eerdmans, Grand Rapids, 1987) pp.45-63; idem, The Origins of Infant Baptism-Child Believers' Baptism? in *Scottish Journal of Theology* 40 (1987) pp.1-23; idem, One Baptism or Two? Reflections on the History of Christian Baptism in *Vox Evangelica* 18 (1988) pp.7-23을 참조할 것.

65 Lynch, *Godparents and Kinship* p.86.

66 Origen, *Homilies on Luke* 32.4.

67 Origen, *Homilies on Joshua* 1.7.

68 당시의 그리스도인 지도자들은 세례받을 예비신자들이 기독교 세계에서 유행했던 이단 종파들에 의해 어떤 영향을 받았을지도 모른다는 것에 대해서 염려하였다. 세례 시기를 늦추었던 사실에 대해서는 Lynch, *Godparents and Kinship* p.87를 참조할 것.

69 Michael Grtner, *Die Familienerziehung in der alten Kirche*, Klner Verffentlichungen zur Religionsgeschichte, 7 (Bhlau Verlag, Cologne, 1985) p.80.

70 Lampe램프 교수는 *Die stadtrmischen Christen* p.299에서 저스틴과 발렌티누스의 강의를 사도적 전통으로써 집이나 정식 신앙문답교육과는 다른 범주로 보았다. 저스틴의 액타 제3장(Acta 3)에 의하면 누구든지 학교에 나오고자 하는 사람은 교회의 정식 신앙문답교육에 제약 없이 참석할 수 있었던 것으로 보인다. 저스틴은 또한 61번째 변증에서 말하기를 우리가 말하고 가르치는 것을 진실이라고 믿으며 그대로 살고자 약속한 사람을 위하여 기도하고 동행했고 예

비신자들이 세례를 위한 마지막 준비과정에 들어오는 것을 허락했다. 저스틴은 신앙문답교육의 교사와 돌보는 후견인으로서 예비신자들을 섬긴 최고의 스승이었던 것으로 보인다. Ulrich Neymeyr는 Die christlichen Lehrer im zweiten Jahrhundert: Ihre Lehrttigkeit, ihre Selbstverstndnis und ihre Geschichte. *Supplements Vigiliae Christianae*, 4(Brill, Leiden, 1989)pp.33, 35에서 저스틴을 '영적, 철학적, 선교적 스승'으로 보았다.

71 A. Hamman, Catechumen, Catechumenate in Angelo di Berardino (ed.), *Encyclopedia of the Early Church* (James Clarke, Cambridge, 1992) I p.151.

72 학자들은 최근 『사도적 전통』의 저자가 로마의 히폴리투스라는 전통적인 사실에 대하여 의문을 제기했지만 이를 뒷받침할 만한 다른 출처는 아직까지 밝혀지지 않았다. Paul Bradshaw, The Search for the Origins of Christian Worship (SPCK, London, 1992)pp.89-92; Marcel Metzger을 참조할 것, Enqutes autour de la prtendue 'Tradition Apostolique' in Ecclesia Orans 9(1992) pp.22-30.

73 『사도적 전통』15-16.

74 Robert Webber, Ethics and Evangelism: Learning from the Third-Century Church in *Christian Century* (24 September 1986) p.806.

75 Origen, *Homilies on Luke* 22.5; 『사도적 전통』15.

76 『사도적 전통』17. 5년간의 신앙문답교육 입문에 대해 설명한 4세기 초의 캐논 11 (Canons of Elvira)과 비교할 것.

77 이 문단에 대한 기본적인 참조는『사도적 전통』과 가이사랴에서 (AD 239-242) 오리겐의 일상 문답교사들의 가르침을 연구한 피에르 너틴(Pierre Nautin) 교수의 자료에 기초한다: 오리겐의 설교를 소개한 너틴 교수의 글은 다음을 참조할 것, *Homlies sur Jrmie*, Sources chrtiennes, 232 (Cerf, Paris, 1976) pp.100-112; *Origne: Sa vie et son oeuvre*, Christianisme Antique, 1 (Beauchesne, Paris, 1977) pp.391-407. 3년간의 강의/신앙문답교육 교육기간은 아주 많은 배움의 시간이었지만 너틴 교수의 재발견은 약간의 독창적인 측면이 있다. 필자의 견해로는 문답식 교육의 목적은 예비신자들의 성경에 대한 전반적인 이해를 돕는 것 뿐 아니라 (설교시간에 모여서 들었던 가르침은 신앙문답교육에 쓰이기도 했다. *Homlies sur Jrmie* p.110), 위험한 상황에 처할 수도 있는 공동체 삶의 구성원이 되도록 예비 신자들을 준비시키기 위한 과정이었는데 너틴은 이점을 간과한 듯 하다.

78 Everett Ferguson, Irenaeus' Proof of the Apostolic Preaching and Early Catechetical Tradition in *Studia Patristica* 18, 3 (1989) pp.119-140.

79 *Ibid*. 134.

80 E.g., Egeria, *Travels* 46.2-3; Augustine, *De Cat Rud* 1.3, 6; 2.18-24, 26-27.

81 Stanley Hauerwas, *The Peaceable Kingdom* (SCM Press, London, 1984) p.125: 우리에게 도덕적으로 가장 중요한 것들은 우리가 구태여 결정할 필요 없는 것들이다.

82 Origen, *Homilies on Jeremiah* 4.6.

83 *Didache* 1.1; Barnabas, *Ep* 18-21; *Epistula Apostolorum* 37-39; Passio Perpetuae 4; Lactantius, Div Inst 6.3, Epitome 59을 참조할 것. 신앙문답교육 방법에 대한 좀더 새로운 관점에 대해서는 Eusebius, Dem Ev 1.8를 참조할 것.

84 *Didascalia Apostolorum* 5.5; Epiphanius, *Panarion* 30.7; John Chrysostom, B*aptismal Instructions* (ed. P.W. Harkins) pp.143-146, 155-160; Origen, *Contra Celsum* 3.8; idem, *Homilies on Joshua* 15.1.

85 Cyprian, *Ad Quirinum* 3.1-2 (선행과 부요); 평화로운 공동체에 사는 것 (3,8,9,21,22,109,113); 외부인들과의 관계(34,44,62); 순결과 절제 (32).

86 Athenagoras, *Legatio* 11.2.

87 Aristeides , Apol 15.

88 Justin, 1 *Apol* 14.

89 『사도적 전통』18-19.

90 *Ibid*. 20. Pontius, *Vita Cypriani* 6에 의하면 여기서 선을 베푼 대상은 키프리안 자신이 예비신자였을 때 사랑했던 가난한 사람들을 말한다.

91 *Canons of Hippolytus* 19.

92 예비신자들이 복음을 들을 때 『사도적 전통』(20)은 이 가르침의 내용을 상세히 설명하진 않았지만 4세기의 신앙문답교육의 교사들은 이 기간을 신경(信經)을 전하고 설명하는 시기로 사용했다.

93 William H. Willimon, *Peculiar Speech: Preaching to the Baptized* (Eerdmans, Grand Rapids, 1992) p.59.

94 Tertullian, On Baptism 20; Metzger, Enqutes pp.20-21; Kilian McDonnell and George T. Montague, Christian Initiation and Baptism in the Holy Spirit: Evidence from the First Eight Centuries (Liturgical Press, Collegeville, MN, 1991) pp.98-105을 참조할 것

95 『사도적 전통』21.

96 Margaret R. Miles, Carnal Knowing: Female Nakedness and Religious Meaning in *the Christian West* (Beacon Press, Boston, 1989) p.24.

97 Origen, *Homilies on Joshua* 1.4.

98 마찬가지로 초기 저술가들은 자신들의 예배에서 카리스마적인 차원에 대해서는 기록하기를 주저한 듯하다. 터툴리안은 (*De Anima* 9.4) 몬타니스트 예식의 다양한 부분들 전체를 통해 한 여인이 계시의 은사가 있었다고 기록했다. 더욱 놀라운 것은 오리겐은 예루살렘에서 자신의 설교시간에 몬타니스트가

아닌 한 여인이 울기 시작한 것을 묘사했는데, 그것은 귀신을 내쫓는 증거였다.(Origen, *Homilies on Samuel* 1. 10). 허마스(*Mand* 11.9, 14)는 이것이 기도 시간에 일어났다고 기록한 것으로 보이나 초기 기독교의 예배 시간에 왕성했던 이런 예언적 사역에 대한 의식을 재구성하는 것은 그리 쉽지 않다. Cf. Heinrich Kraft, Die Lyoner Mrtyrer und der Montanismus, in Ernst Dassmann and K. Suso Frank (eds) *Pietas: Festschift fr Bernhard Ktting* (Aschendorff, Mnster, 1980) p.251.

99 Origen, *Homilies on Exodus* 5.5.

100 Cyprian, Ep 1, *Ad Donatum* 4.

제3부·초기 기독교 예배: 삶을 구별되게 하는 예배

1 롬16:16; 고전 16:20; 고후. 13:12; 살전5:26; 벧전5:14을 G.J. Cuming의 논문 Service Endings in the Epistles in New Testament Studies 22 (1976) pp.110-113와 New Testament Foundations for Common Prayer in Studia Liturgica 10 (1974) pp.88-105를 비교해 볼 것.

2 William Klassen, The Sacred Kiss in the New Testament: An Example of Social Boundary Lines in *New Testament Studies* 39 (1993) p.132.

3 L. Edward Phillips, *The Ritual Kiss in Early Christian Worship* (University of Notre Dame, Ph.D. thesis, 1992) p.271.

4 *Passio Perpetuae* 2, 22.

5 See Eleanor Kreider, Let the Faithful Greet Each Other: The Kiss of Peace, *Conrad Grebel Review* 5 (1987) pp.29-49.

6 Justin, 1 *Apol* 65.

7 Clement of Alexandria, *Paedagogus* 3.12. Athenagoras, *Legatio* 32을 참조 할 것.

8 Phillips, *Ritual Kiss* pp.109, 143-144.

9 *Didache* 14.2.

10 Tertullian, *De Oratione* 11.

11 Cyprian, De *Oratione dominica* 23; Eusebius, *Life of Constantine* 4.41; Cyril of Jerusalem, *Mystagogic Homily* 5.3; John Chrysostom, *De Compunctione ad Demetrium* 1.3; Theodore of Mopsuestia, *Baptismal Homily* 4.40.

12 Theodore of Mopsuestia, *Baptismal Homily* 4.6. Cyril of Jerusalem, *Mystagogic Homily* 5.3을 참조 할 것.

13 Theodore of Mopsuestia, *Baptismal Homily* 4.39, 41.

14 *Didascalia Apostolorum* 2.54.

15 Robert Taft, The Great Entrance: A History of the Transfer of Gifts and other Pre-anaphoral Rites of the Liturgy of St. John Chrysostom, *Orientalia Christiana Analecta*, 200 (Pont. Institutum Studiorum Orientalium, Rome, 1975) p.50.

16 *Didascalia Apostolorum* 2.53-54. 평화에 대한 기독교국가체계 이전의 문헌은 Justin, 1 *Apol* 65; Tertullian, *De oratione* 18; idem, *Ad Uxorem* 2.4; *Apostolic Tradition* 18; Cyprian, *De oratione dominica* 23; Origen, *Homilies on Romans* 10.33을 참조할 것.

17 1 *Clement*, Ep 59.2-61.3.

18 Justin, 1 *Apol* 17.

19 Justin, *Dial* 96, 133; 1 *Apol* 14; Tertullian, *Apol* 39.2; *Didascalia Apostolorum* 5.14; 5.16.

20 A. Hamman, *La Prire, II: Les trois premiers sicles* (Descle, Tournai, 1963) p.109.

21 Justin, 1 *Apol* 65.

22 Tertullian, *De Oratione* 17; cf. Origen, *On Prayer* 31.2.

23 Tertullian, *De Oratione* 11.

24 *Didascalia Apostolorum* 2.53.

25 Justin, *Dial* 41. *Apostolic Tradition* 4의 현대에도 영향을 준 성만찬에서의 기도를 참조할 것.

26 *Apostolic Tradition* 5, 9. 저스틴은 교회의 대표자가 할 수 있는 최선을 다해 감사기도를 드렸다고 보고했다. (1 Apol 67). 베네딕트(Benedictine)의 학자 알렌 볼리(Allan Bouley)에 의하면 형식을 갖춘 기도는 4세기 중엽에 이르러서야 시작되었다고 한다. (From Freedom to Formular: The Evolution of the Eucharistic Prayer from Oral Improvisation to Written Texts, *The Catholic University of America Studies in Christian Antiquity*, 21 (Catholic University of America Press, Washington, D.C., 1981) p.208. *Didascalia Apostolorum* (2.58) 성만찬의 기도가 다른 교회의 감독이 방문했을 때 성만찬에 대한 축복의 말씀을 전한 감독과 함께 빵과 포도주를 나누는 것에 대한 기도로 나누어진 것으로 보인다. 이에 대한 자세한 설명은 Paul Bradshaw, *Liturgical Presidency in the Early Church* (Grove Books, Bramcote, Notts, 1983) p.26을 참조할 것.

27 많은 사람들은 다음의 책들을 재구성해서 사도적 전통을 이용하고 있다. Gregory Dix, *The Apostolic Tradition of St Hippolytus*, 2nd ed, rev H. Chadwick (SPCK, London, 1968); Bernard Botte, La Tradition apostolique de Saint Hippolyte: Essaie de reconstitution, *Liturgiewissenschaftliche Quellen und Forschungen*, 39, 3rd ed. (Aschendorff, Mnster, 1989); G.J. Cuming, Hippolytus:

A Text for Students, *Grove Liturgical Studies* 8 (Grove Books, Bramcote, Notts, 1976). 지나치게 (돔보트가 재구성하여 특별히 다룬) 단순화했던 경향에 대한 해명과 토론은 다음을 참조할 것. Marcel Metzger, *Nouvelles perspectives pour la prtendue Tradition Apostolique in Ecclesia Orans* 5 (1988) pp.241-259; idem, Enqutes pp.7-36, 특히 p.9을 참조할 것.

28 그 이하는 라틴어로 다양하게 번역된 Jean Michel Hanssens의 *La Liturgie d'Hippolyte: Documents et tudes* (Libreria Editrice dell'Universit Gregoriana, Rome, 1970) pp.88-89을 참조할 것. 사도적 전통 제 9장(Dix chapter 10)에는 라틴어는 빠져 있지만 사이딕(Sahidic)과 아랍어, 이디오피아어로 된 원문은 남아있다. 이러한 본문에 대하여 도움을 준 키엘 대학교의 G. Nussbaum 박사에게 감사한다.

29 Justin, 1 *Apol* 65에 대한 Everett Ferguson이 번역한 글 *Early Christians Speak* (Sweet Publishing Co., Austin, TX, 1971) p.94.

30 Bardy, *Conversion* p.285.

31 Tertullian, *De Oratione* 11.

32 Cyprian, De Oratione dominica 24.

33 Cyprian, *Ad Quirinum* 3.26.

34 Irenaeus, *Adversus Haerses* 5.13.3; 또한 4.17.5; 4.18.2; 4.34.4를 참조할 것.

35 Cyprian, *De opere et eleemosynis* 7; *Didascalia Apostolorum* 2.35; (Victor?), *De Aleatoribus* 11(하나님의 교회의 필요를 위해 너의 부요와 여분을 유용하게 사용하라.), Scott T. Carroll, *An Early Church Sermon Against Gambling*의 Second Century 8 (1991) p.94.

36 Cyprian, *De opere et eleemosynis* 13.

37 Cyprian, *De Lapsis* 6.

38 Barnabas, *Ep* 19.8; *Didache* 4:8; Tertullian, *Apol* 39.11.

39 Eusebius, *HE* 4.23.10; 6.34.11.

40 Tertullian, *Apol* 39.7; 갈렌(Galen)에 대하여 Robert Wilken, *The Christians as the Romans Saw Them* (Yale University Press, New Haven, 1984) pp.79-82를 참조할 것.

41 Tertullian, *Apol* 39.5; Justin, 1 *Apol* 67.

42 *Gesta apud Zenophilum* 3, MacMullen and Lane (eds)의 *Paganism and Christianity*, p.249를 참조할 것, 구제의 다양성에 대한 보다 상세한 예는 Joseph A. Jungmann, *The Mass of the Roman Rite: Its Origins and Development*, 역서인 Francis A. Brunner(Four Courts Press, Dublin, 1986)II p.10; Taft, *The Great Entrance* p.17n을 참조할 것.

43 Cyprian, *De opere et eleemosynis* 15; *Didascalia Apostolorum* 2.36; 5.1. 설명은

A. Hamman, V*ie liturgique et vie sociale* (Descle, Paris, 1968) p.265를 참조.할 것.

44 *Didascalia Apostolorum* 2.57. 동방정교와 로마에서의 봉헌(奉獻)의식의 초기 발전에 대해서는 Taft, *Great entrance* pp.11-34; Jungmann, *Mass of the Roman Rite* II pp.1-10을 참조.할 것.

45 Justin, 1 *Apol* 67.

46 Cyprian, *De opere et eleemosynis* 15, 20, 26.

47 초기 기독교에서 설교의 일반적인 표현에 대해서는 Thomas K. Carroll, *Preaching the Word, Message of the Fathers of the Church*, 11 (Michael Glazier, Wilmington, Delaware, 1984); Carl A. Volz, *Pastoral Life and Practice in the Early Church* (Augsburg, Minneapolis, 1990)을 참조.할 것.

48 아직 출판되지 않은 책 D.C. Norrington, *The Sermon in the Early Church and Today*의 초고를 읽을 수 있었던 것이 필자에게는 유익했다.

49 데시우스(Decian) 황제의 박해 후 성만찬식을 근본적인 목적으로 몇 몇 기독교 공동체의 규모가 커졌다. Eusebius, *HE* 8.1; *White, Building God's House* pp.127-139를 참조할 것.

50 우리는 새벽에 일어나서 하나님께 그분의 상에서 떨어지는 부스러기라도 먹을 수 있게 해달라고 기도한다.(Origen, *Homilies on Luke* 38.6)

51 Alexandre Olivar, La Predicacin Cristiana Antigua, Biblioteca Herder, *Seccin de Teologa y Filosofa*, 189 (Editorial Herder, Barcelona, 1991)p.51 (저자는 이 탁월한 작품의 가치를 인정해 줄 수 있는 시간이 없었다. 아니 언어적인 능력이 없었다고 할 수 있다). 370년대에 가이사랴의 바실은 아직까지 주중에 있는 아침 설교에 대한 압박감을 가지고 있었다. 즉, 한 가지 간과할 수 없는 것은 많은 기술공들과 육체 노동자들 그리고 생계를 간신히 이을 만큼 하루 벌어 하루 먹는 사람들이 나를 둘러싸고 있었고, 그들은 내가 [설교]를 간단히 하기를 원했고, 나도 사람들을 너무 오랫동안 붙잡고 일을 못하게 해서는 안 할 것이다.(Homilies on the Hexameron 3.1)

52 Carroll, *An Early Church Sermon Against Gambling* pp.83-95, 특히 p.88과 p..90을 보라.

53 S.G. Hall (ed) *Melito of Sardis on Pascha and Fragments* (Clarendon Press, Oxford, 1979) p.xix.

54 P. Nautin (*Origne* p.397)은 주중설교와 같은 길이의 설교가 케사리아에서 주일설교로 세 번 행해졌다고 단정하면서 오리겐의 누가복음 설교들의 간결성을 설명했다. 만약 주일날 다른 설교들이 있었다면, 다른 두 설교는 오리겐의 설교보다 훨씬 더 짧게 행해졌을 것이다. 주일 성만찬 예배가 너무 길어지는 것은 적절하지 않았다. 예배 후 사람들은 일해야 했고, 필자의 견해로는 주일예배의

가르침을 제외한 요소들이 Nautin의 생각보다 길어졌을 것이다.

55 Justin, 1 *Apol* 67.

56 Bradshaw, *The Search for the Origins*. pp.139-140을 참조할 것.

57 E.P.Sanders, *Judaism, Practice, and Belief*, 66 BCE-66 CE (SCM Press, London, 1992) p.202.

58 Tertullian, *Apol* 39.3-4.

59 2 Clement의 기원 장소에 대해서 C.C. Richardson은 이집트라고 제시한다.(*Early Christian Fathers*, Library of Christian Classics, I (Westminster Press, Philadelphia, 1953) [.186]; P. F. Beatrice은 시리아 혹은 아마도 이집트일 거라고 말한다. (*Encyclopedia of the Early Church*, I p.181); Robert M. Grant은 로마로 확신한다.(*The Apostolic Fathers* (Thomas Nelson, New York, 1965) II p.109), 그리고 Graydon F. Snyder (in Everett Ferguson, ed. *Encyclopedia of Early Christianity* (Garland, New York, 1990) p.217).

60 2 Clement, *Ep* 17.3, 5; 19.1.

61 *Ibid*. 11.2-3; 12.1; 20.1.

62 *Ibid*. 13.3-4.

63 *Ibid*. 6.9; 20.1.

64 Norrington, *The Sermon in the Early Church*, 10, 34, 110; J. Heinemann, Preaching, in the Talmudic Period, in *Encyclopaedia Judaica,* 13 (Keter Publishing House, Jerusalem, 1971) 995-996열; Maurice Sachot, Homilie, Reallexikon fr Antike und Christentum, 16 (1991-1992) 159-160열; G. Wright Doyle, Augustine's Sermonic Method in Westminster Theological Journal 39(1976-1977) p.236; F. Van der Meer, *Augustine the Bishop: The Life and Work of a Father of the Church,* transl Brian Battershaw and G. R. Lamb (Sheed and Ward, London, 1961) pp.427-428; Hippolytus, Comm on Daniel 3.20-25; Origen, *Homilies on Jeremiah* 1.7; 1.8; 5.13; John Chrysostom, *Homilies against the Jews* 1.7; Egeria, Travels 46.4.

65 G.W.H. Lampe (편집자) *A Patristic Greek Lexikon* (Clarendon Press, Oxford, 1965) p.355; P. G. W. Glare (편집자) *Oxford Latin Dictionary* (Clarendon Press, Oxford, 1982) p.1743; Albert Blaise, *Dictionnaire Latin-Francais des Auteurs Chrtiens* (Le Latin Chrtien, Strasbourg, 1954) p.755.

66 Pontius, Vita Cypriani 9.

67 *Ibid*.9

68 Cyprian, De mortalitate 20.

69 *Ibid*. 26.

70 Rodney Stark, *Epidemics, Networks, and the Rise of Christianity*, pp.159-175.

260년에 알렉산드리아에서 있었던 이와 유사한 사건에 관해서는 Eusebius, *HE* 7.22.2-10을 보라.

제4부 ·크리스텐덤의 도래

1 Judith Herrin, *The Formation of Christendom*(Princeton University Press, 1987)은 기독교국가의 정의를 내리지 않았지만 p.479에서는 기독교국가체계의 몰락에 관해 기술했고 그것의 본질적인 두 가지 구성요소 즉 '종교의 지배'를 '선택'의 여지없이 받아들였다고 했다.

2 Origen, *Hom on Jeremiah* 4.3.

3 Origen, *Contra Celsum* 3.9. 그리스도인들의 독특성의 영역을 낮게 평가한 3세기의 교회 생활에 대한 조사는 Wischmeyer, *Von Golgatha zum Ponte Molle*, passim을 참조할 것.

4 W. H. Frend, *Martyrdom and Persecution in the Early Church* (Basil Blackwell, Oxford, 1965) p.440; T. D. Barnes, *Christians and Pagans in the Reign of Constantius*, in Albrecht Dihle (편집자) L'Eglise et l'empire au ive sicle, *Entretiens sur l'antiquit classique*, 34 (Fondation Hardt, Vandoeuvres- Geneva, 1989) p.307.

5 MacMullen, *Christianizing* p.102; Lane Fox, *Pagans and Christians* p.609.

6 MacMullen, *Christianizing* p.85.

7 Sir Herbert Butterfield, *Christianity and History* (Charles Scribner's Sons, New York, 1949) p.135 MacMullen은 그러한 과정을 '아첨과 구타' 라고 더욱 생생하게 불렀다. (*Christianizing* p.119).

8 E. A. Judge, *The Earliest Use of Monachos for 'Monk' in Jahrbuch fr Antike und Christentum* 20(1977) p.81.

9 John Chrysostom, *Baptismal Instructions* 9.36-47; Gregory of Nyssa, *Catechetical Oration* 40.

10 Cyril of Jerusalem, Procatechesis; *Catechetical Lectures* 1-23.

11 Basil of Caesarea, *On Baptism* 1.2.1, 11-12; Augustine, *Faith and Works* 9.

12 *Codex Justinianus* 1.11.10. 기독교국가 시대에서 신자의 세례(believers' baptism)의 존속에 대해서는, A. Pidagnel (ed) Jean Chrysostome: Trois catchses baptismales, *Sources Chrtiennes*, 366 (Cerf, Paris, 1990) pp.256-257을 참조. 그는 동서방교회 안에서 유아세례가 가능했고 몇몇 신학자들에 의해서 정당화되었으나 6세기 까지는 일반화되지 않았다고 결론지었다. 초기의 세례의 실행

에 대한 권위 있는 학자인 Rev. S. Anita Stauffer는 유아세례 또한 증가되고 있는 추세로 (어떤 특별한 영역에 따라 다르긴 하지만) 행해졌지만, 대략 8세기까지 서방에서 행해진 수많은 성인 세례를 지적한다 (개인적인 대화, 1994년 3월 10일). 유아세례의 부상이 세례의식에 미친 결과에 대해서는 J-Ch Didier, *Une Adaptation de la liturgie baptismale au baptme des enfants dans l'glise ancienne in Mlanges de science religieuse* 22 (1965) pp.79-90을 참조할 것.

13 Ramsay MacMullen, The Preacher's Audience (AD 350-400) in *Journal of Theological Studies* n. s. 40 (1989) p.510.

14 Cesarius of Arles, *Sermon* 73.2.

15 Alexander Schmemann, *Introduction to Liturgical Theology*, 2nd ed, A. E. Moorhouse영(英)역(Faith Press, Leighton Buzzard, 1975) p.93.

16 초기 교회의 의식의 관례와 4세기 후반의 사도들의 헌법(Apostolic Constitutions)을 실례를 비교해보면 적극적으로 평화적 관계에서 평화를 애호하는 자세로 변화된 기미가 나타난다: *Didache* 4.14와 A*postolic Constitutions* 7.17을 비교해보라. 아니면 *Didache* 14.2와 *Apostolic Constitutions* 7.30; 혹은 *Disdascalia Apostolorum* 2.53과 *Apostolic Constitutions* 2.54를 비교해보라: 무엇보다도 먼저 우리 자신의 마음에 평화가 있어야 한다.

17 Taft, *Great Entrance* pp.46-52.

18 Johannes Quasten, Mysterium Tremendum: eucharistische Frmmigkeitsauffassungen des vierten Jahrhunderts, in A. Mayr, J. Quasten and B. Neunheuser (eds) *Vom Christlichen Mysterium: Gesammelte Arbeiten zum Gedchtnis von Odo Casel* (Patmos Verlag, Dsseldorf, 1951) pp.71-74; Walter Brueggemann, *Israel's Praise: Doxology against Idolatry and Ideology* (Fortress Press, Philadelphia, 1989) p.ix.

19 Second Council of Mcon (585), canon 5, in J. Gaudemet and B. Basdevant (eds.), *Les Canons des conciles Mrovingiens* (VIe-VIe sicles), II, *Sources Chrtiennes*, 354 (Editions du Cerf, Paris 1989) pp.462-463. 공회의 교부들은 사람들이 하나님의 법을 위반하고 그 정하신 말씀을 조금씩 무시하는 것에 대해 비통해 했다. 그래서 교부들은 교회가 근본적인 상태로 회복되기 위해서는 모든 사람들이 교회의 예배를 담당하는 사람들에게 십일조를 내야 한다고 지시했다.

20 Loyd Allen, The Sermon on the Mount in the History of the Church, *Review and Expositor* 89 (1992) pp.245-262을 참조할 것.

21 그 이후의 내용은, Lohfink, *Schwerter zu Pflugscharen* pp.197-202을 참조 할 것.

22 Irenaeus, *Adversus Haereses* 4.34.4; Origen, *Contra Celsum* 5.33. 필자는 여기서 기독교국가체계 이전의 기독교인들과 전쟁이라는 난처한 논제에 대해 토론

하지 않겠다. 이에 대한 최근의 글에 대해서는 David G. Hunter, *A Decade of Research on Early Christians and Military Service* in Religious Studies Review 18.2 (April 1992) 87-94를 참조할 것.

23 Cyril of Alexandria, *Commentary on Isaiah*, 2.4.

24 Lohfink, *Schwerter zu Pflugscharen* 202.

25 Augustine, *Enarr in Ps*. 46.10; 48.17.

26 역주: 이 땅에 거주하나 하늘나라의 시민권을 가진 사람들이라는 신학적 의미를 가짐. 벧전 1.1, 17; 2.11 참조할 것.

27 Basil of Caesarea, *Epp*. 191, 203.2.

선교의 변질

보쉬의 『변화하는 선교』에 대한 비평

Beyond Bosch: The Early Churchand the Christendom Shift

Mission Focus: Annual Review 11 (2003)

알렌 크라이더(Alan Kreider)

허현 옮김

데이비드 보쉬의 『변화하는 선교』는 훌륭한 책이다.[1] 레슬리 뉴비긴은 선교를 포괄적으로 바라본 이 책에 '선교학 총론' summa missiologica이라는 수식어를 붙였다. 『변화하는 선교』는 크게 세 부분으로 나눌 수 있다. 보쉬는 1부에서 깊이있는 신학 연구를 바탕으로 "초기 기독교의 묵시적 패러다임"을 도출한다. 3부에서는 우리가 사는 시대를 다루며 "근래의 에큐메니칼 패러다임"을 이 책의 여섯번째 패러다임으로 제시한다.[2]

이 글에서 나는 신약 시대와 현재 사이에 위치한 2부 "선교의 역사적 패러다임들"을 다룬다. 보쉬는 이 두번째 부분에서 선교의 역사를 네가지 시대로 나눈 다음, 각각의 특성을 '패러다임'이라는 개념으로 정리했다. 1) 헬라 교부 시대317쪽라고 명명한 동방교회의 선교 패러다임, 2) 중세 로마가톨릭 선교 패러다임, 3) 개신교 종교개혁 선교 패러다임, 4) 근대 계몽주의 패러다임이 그것이다.

보쉬는 패러다임 흐름의 원조로 한스 큉을 꼽는다. 아울러 교회의 역사를 나누는 다른 방법들도 있다고 인정하며314쪽 본인은 제임스 마틴이 제시한 시대 삼분법의 도움을 받았다고 언급한다. 첫째, "비평 이전" 한스 큉의 동방정교, 로마가톨릭, 종교개혁 패러다임을 묶어 "생동적"이라고 불리는, 둘째, "비평적" 혹은 "기계적" 계몽주의 시

대, 그리고 셋째, "비평 이후"통전적이고 에큐메니칼다.3

보쉬가 두번째와 세번째 패러다임에서 다루는 초기 기독교 교회를 이 글에서 살피고자 한다. 초기 교회에 대해 보쉬가 서술한 장들을 평가하고, 그 결과 제임스 마틴처럼 시대를 삼분하되 그와는 다른 기준으로 세 개의 패러다임을 구성한다.

보쉬가 제시하는 두번째와 세번째 패러다임

데이비드 보쉬의 두번째 패러다임인 "헬라 교부 시대'는 1세기 후반부터 6세기까지를 망라한다. 이 시기 그리스도인들은 로마 제국 내에서 사회에 적응하기 시작했다. 불법적인 종교religio illicita를 따르기에 그리스도인들은 핍박의 시간을 견뎌야 할 때도 있었다. 선교사가 적극적으로 활동하지 않아도 교인들이 모범적으로 살았기 때문에 교인 수는 지속적으로 늘었다. 보쉬의 관심사는 신학이다. 동방교회가 어떻게 원시 기독교의 선명한 묵시론적 기대로부터 멀어지고 헬레니즘적 종교 환경에 맞추어가는지를 조명한다. 저자는 이 원시 기독교 시대 마지막 신학자들이 내린 결정에 박수를 보내며, 신학을 정교한 학문으로 발전시켜나간 사실에 경의를 표한다. 동방 정교 전통에서는 "신성divine의 표식, 상징, 예전"350쪽으로 발현되는 교회의 본질로부터 선교가 나온다. 선교의 심장은 예배이며, 정확하게는 정교회 예전이다. 저자는 "예전을 통해 드러나는 자비의 빛이야말로 이교의 어둠에 갇혀있는 사람들을 끌어당기는 핵심적 요소"343쪽, 역자 번역라고 이야기한 20세기 신학자 칼 로즈를 인용한다. 저자는 무비판적 토착화*, 국가주의, 원시 기독교의 종말론적 긴장감을 폐기한 사실 등을 정교 전통의 한계로 꼽기도 한다. 그러나 보쉬는 동방 선교 패러다임에 존경 어린 찬사를 보낸다. 보쉬는 동방정교의 중심에 성육신한 하나님의 사랑이 있다고 평가하며 요한복음 3장 16절을 선교의 핵심 구절로 꼽는다.

보쉬가 제시한 구조에서 세번째 패러다임은 "중세 로마가톨릭 선교 패러다임"이다. 저자는 대략 600년부터 1500년까지를 중세로 잡았다. 그러나 그 시작은 히포의 어거스틴430년 죽음까지 거슬러 올라간다고 본다. 어거스틴은 그리스도의 성육신에서 십자가로 초점을 옮기고, 예정론과 원죄를 강조하는 쪽으로 서방교회의 신학적 변화를 선도했다. 4세기 콘스탄티누스 황제 치하에서 시작한 교회와 로마 제국의 연합 덕분에 새로운 선교 방식이 생겼다. 어거스틴은 기독교인들의 영적 성장에 관심을 보였지만, 그가 가장 시급한 문제로 꼽은 것은 바로 세례였다. 기독교인들은 세례를 통해 교회와 한 몸을 이루었고, 따라서 세례야말로

* 이 글에서 토착화(incultruration)는 교회의 가르침이 비기독교 문화권에 적응하는 동시에 대상 문화권의 문화가 교회 가르침에 영향을 미치는 상호 작용을 의미한다.

구원의 유일한 통로였기 때문이다. 어거스틴도 초창기에는 이교도나 이단에게 올바른 신앙을 강요하려 하지 않았으나, 여러가지 어려움을 겪고 난 후에는 더이상 주저하지 않고 강제적 방식에 동조했다.Ep. 93 바로 전쟁을 정당화하고 십자군을 선포하며, 중북부 유럽을 "강제적인 개종으로 휩쓸어버리는"370쪽, 역자 번역 방법이다. 어거스틴은 이러한 서방 선교 패러다임의 선례 및 신학적 바탕을 제공했다.

보쉬는 가톨릭 중세 시대를 관통하는 또 하나의 선교 모델이 있었다고 주장한다. 바로 고된 노동과 모범적인 생활을 통해 그리스도의 메시지를 전하고자 했던 수도사들의 방식이다. 순회 선교를 다니며 뛰어난 활동을 한 수도사들이 여럿 있었으며, 특히 켈틱 전통에 속한 수도사들이 많았다. 보쉬는 중세 로마가톨릭 전통을 좋지 않게 본다. 이 시대를 규정하는 성경 구절로 누가복음 14장 23절"사람들을 억지로라도 데려다가, 내 집을 채워라"을 꼽은 것에서도 저자의 비판적 시각이 잘 드러난다. 그러나 한편으로는 로마가톨릭 기독교인들이 내렸던 결정들을 너그러이 평가한다. 예를 들어 보쉬는 콘스탄티누스 황제의 개종에 대해 레슬리 뉴비긴과 마찬가지로 "다른 대안이 있었겠는가?"라고 물으며, 이후 자연스럽게 이어진 많은 결정들은 합리적이고 불가피했다고 서술한다.386-387쪽 더 나아가 가톨릭이 제2차 바티칸공의회 이후 변화하기 위해 스스로 노력한다고 언급한다. 우리는 이 부분을 읽을 때 『변화하는 선교』를 출판한 오르비스 북스가 대표적인 가톨릭 출판사임을 상기해야 한다.

역사를 서술하는 장들에서 보쉬는 흠잡을 데 없는 실력과 권위를 보여준다. 연구는 포괄적이고 신학적 통찰력이 뛰어나면서도 기독교적 관용까지 두루 갖추고 있다. 보쉬는 다양한 시대를 전문적으로 파고드는 방식보다는 해당 분야의 권위있는 연구를 적절히 인용하는 방식으로 광범위한 내용을 다루었다. 이 장들은 매력적이며, 개인적으로 많은 내용에 동의한다.

보쉬의 패러다임이 가지는 문제점

하지만 보쉬가 두 가지 패러다임 안에서 초기 교회를 다루는 방식에 세 가지 문제점이 있다.

첫 번째 문제. 서기 100년부터 600년까지의 시기를 “동방혹은 헬라교회”라고 지칭하는 것은 오해의 소지가 있다. 그럼에도 불구하고 보쉬는 해당 시기를 “헬라 교부 시대”317쪽, “초기 세기 동안의 헬라 신학”348쪽 등으로 반복해서 부르고 있다. 보쉬 스스로도 이 표현에 대한 불편함을 밝히고 있으나332쪽, 이러한 개념 정의를 통해 저자의 연구가 기독교 세계 전체를 아우르는 꼴을 갖추게 되는 것 또한 사실이다. 초기 세기는 정교, 중세는 가톨릭, 근대 초반부는 개신교. 깔끔하게 정리되지만 여기에 동의할 수는 없다. 두가지 지점에서 그렇다.

첫째, 정확하지 않다. 2~3세기까지의 기독교가 헬라 세계를 무대로 한 것은 맞다. 4세기 중반까지는 로마에 있는 기독교인들조차도 예전 언어로 헬라어를 사용했다. 하지만 제국 곳곳에서 주로 라틴어를 사용하는 수많은 기독교 공동체들이 자라나고 있었다. 보쉬는 이런 공동체의 지도자 중 하나였던 카르타고의 키프리안을 동방교회 부분에서 다루고 있다.334쪽 키프리안이 이 사실을 알았다면 말을 잇지 못했을 것이다! 어거스틴 이전에 가장 위대한 라틴어 신학자로 일컫는 터툴리안은 키프리안보다 이미 반세기 전에 저술을 남겼다. 이 시기 기독교의 대표적 특징 중 하나는 바로 유동성이다. 근동에서 태어났고 헬라어로 소통하는 기독교인들은 갈리아에 살면서 라틴어를 모국어로 쓰는 갈리아 사람들과 자연스럽게 섞였다. 기독교인들은 동방이나 서방에서 왔다는 사실보다는 기독교인이라는 것, 즉, "이 땅에 사는 이방인"resident aliens이라는 것을 훨씬 더 민감하게 의식했다. 이 공감대는 콘스탄티누스 통치 이후에도 이어졌다. 그 후 몇 세기 동안 교리와 관할 구역에 대한 커다란 논란이 일었고, 종국에는 헬라어를 쓰는 동방과 라틴어를 쓰는 서방교회로 나눠졌지만 이런 분열은 보쉬가 다루는 초기 세기에 벌어진 일이 아니다.

둘째, 초기 몇백 년을 '동방'으로, 중세를 '로마 가톨릭'으로 명명하는 것은 공평하지 않다. 보쉬는 동방교회를 대표하는 특징으로 평화와 성육신, 그리고 요한복음 3장 16절을, 로마 교회의 특징으로는 강제성을 꼽는다. 하지만 수 세기에 걸쳐 헬라어를 쓰는 동방의 기독교인들은 라틴어를 사용하는 서방의 형제들처럼 팔을 비틀고 주먹을 휘둘렀다. "사람들을 억지로라도 데려다가, 내 집을 채워라"는 구절은 540년대 에베소의 요한이 사용한 선교방법을 설명할 때도 충분히 유용하다.[4] 헬라어를 썼던 요한은 소아시아에 사는 8만명을 무력으로 협박해 기독교로 개종시킨 사람이다. 콘스탄티노플에서 다스린 유스티아누스 1세는 529년 제국에 사는 모든 사람을 기독교인으로 만드는 법을 제정하고 유아세례를 의무화했다. Codex Iustianianus 1.11.10 강요는 가톨릭이나 서방에서 나타난 현상이 아니라 크리스텐덤에서 나타난 현상이다. 만약 기독교 선교를 굳이 여섯 개의 패러다임으로 나눠야 한다면, 스코틀랜드 선교학자 앤드루 월스가 제시한 "헬라-로마 시대"로 부르는 것이 더 적절하다.[5]

두 번째 문제. 보쉬는 원전에서 결과를 도출하는 역사학자의 접근법이 아니라, 동료 신학자들의 견해를 과거에 적용하는 신학자의 접근법으로 초기 교회 시대를 다룬다. 동방교회의 선교 패러다임을 논하는 부분에서 보쉬가 신학자로서 가지는 불안감을 볼 수 있다. 보쉬는 해당 장의 5분의 1인 다섯 쪽을 동시대의 정교 신학자들에게 할애한다. 반면 고대 기독교 저자는 단 한 명도 등장하지 않는다. 결국 이 부분은 정교가 에큐메니컬 신학에 기여한 바를 설명해줄지 몰라도, 탁월했던 초기 기독교 선교 방식에 대해서 그릇된 인식을 심어줄 수 있다. 두 가지 예를 들어보자.[6]

첫째, 선교로서의 예전. 보쉬는 20세기 정교 저자들을 참고해 예전이 전도의 중요한 도구였다고 밝힌다. 저자는 "불신자들이 참석하여 관찰할 수 있는 예전"은 정교 전통에서 가장 "핵심적인 복음 증거이자 선교"325, 343쪽라고 서술한다. 이 내용은 20세기 후반의 상황에서 다른 기독교 전통에서 온 사람들이 정교에 끌리는 가장 중요한 이유이다. 그러나 크리스텐덤 이전의 교회를 설명하지는 못한다. 예전 신학자 돔 그레고리 딕스가 오래전 관찰했듯 "사도들과 원시적 교회는 모든 예배, 특히 성찬을 매우 비밀스런 활동으로 여겼고, 따라서 이러한 행사에 외부인은 참석도 할 수 없게끔 엄격하게 관리했다. 기독교의 예배는 매우 공동체적이었으나 전혀 공적이지 않았다. 오히려 배타적이었고, 처음부터 매우 비밀스럽고 사적으로 진행하게끔 만들어졌다."[7]

원전을 참고하면 명확하다. 세례를 받았거나 신앙문답자catechumen, 즉 세례를 받기 위해 준비 중이었던 사람들만 주일 예배의 첫번째 부분이자 말씀 예배인 봉독과 설교에 참석할 수 있었다. 그리고 세례받은 교인만 두번째 부분이자 기도와 만찬으로 구성된 성찬 예배에 참석할 수 있었다. 심지어 직분자가 교회 문 앞에서 외부인들이 들어오는 것을 막기도 했다.[8] 선뜻 이해가 안 가는 태도다. 길고 지루한 신앙문답교육 및 훈련 과정을 거치기 전까지 구도자들을 배제하는데 어떻게 교회는 빠르게 성장했을까? 나는 오랜 고민 끝에 예배와 예전이 초대 교회가 성장하는 데 중추적 역할을 했다는 결론을 내렸다. 하지만 그 이유는 보쉬가 명시한 것과 완전히 다르다. 예전이 성장의 동력이었던 이유는 기독교인과 기독교 공동체가 예전을 통해 그리스도 안에서 자유롭고 외부인들에게 매력적인 모습으로 성장했기 때문이다.[9] 한 가지 확실히 하고 넘어갈 것은 크리스텐덤 초창기만 하더라도 예배가 곧 선교라는 분명한 동기가 있었다. 기독교 지도자들은 휘황찬란한 황금과 보석으로 치장한 건물, 유려한 설교, 압도적인 예식을 통해 불신자들이 세례를 받기 위해 나올 수 있도록 유도했다. 또 신앙문답자가 되기 위한 자격 요건을 간소화해 이러한 전도 방식을 더 용이하게 했다. 예를 들어 아이들은 태어날 때부터 신앙문답자가 되었다.[10] 하지만 이러한 노력은 곧 필요 없어졌다. 6세기 이후 크리스텐덤 체제에서 유아세례는 일반적인 것이 되었고, 모든 사람이 법에 따라 이미 기독교인이었기 때문에 예전의 선교적 역할은 더는 중요하지 않았다.

둘째, 교리가 핵심이었다. 보쉬는 동방교회가 "신앙에 대한 명확한 진술"324쪽에 가장 우선적인 가치를 두었다고 정확히 짚고 있다. 신약의 강조점은 하나님이 구원하신 역사 속 사건들이었으나 "헬라인들"은 하나님에 대한 올바른 신앙고백에 역점을 두었다. 저자는 산상수훈과 니케아신조를 대조하며 이 변화를 보여준다. 산상수훈은 행위, 후자는 형이상학에 관심을 갖는다. 명백하게 다르다. 그러나 보쉬는 교회가 언제 어떻게 윤리에서 교리로 넘어갔는지 다루지 않는다. 초기 세기의 기독교 교회는 니케아에 모인 신학자들처럼 존재론에 관심이 많았을까? 니케아 공회 전 시대의 교회는 선교 활동을 할 때 산상수훈을 지엽적인 부분으로 치부했을까?

보쉬는 답하지 않지만 우리는 초기 교회 자료를 찾아볼 수 있다. 165년 로마에서 순교한 팔레스타인 태생의 교사 저스틴은 "제 1 변증서"에서 산상수훈을 요약하며 다음과 같이 덧붙였다. 『제1변증서』, 16쪽 "주님의 가르침을 읊어도 그대로 살지 않는 사람은 스스로 진짜 그리스도인이 아님을 알아야 한다." 사반세기 후 아테네의 아테나고라스는 다음과 같이 진술했다. "'우리는 어떤 가르침 속에서 자라는가?'라는 질문에 대해 '나는 너희에게 말한다. 너희 원수를 사랑하고, 너희를 박해하는 사람을 위하여 기도하여라. 그래야만 너희가 하늘에 계신 너희 아버지의 자녀가 될 것이다' … 우리 중 평범한 사람, 기능인, 나이 든 여자와 같은 사람들은 가르침을 어떻게 적용할지 논리 정연하게 풀어내지 못하지만, 따르려는 의지가 있다면 적용 가능하다는 사실을 실천으로 보여준다. 그들은 말을 다듬기보다 직접 선한 행실로 나타낸다. 이들은 맞아도 때리지 않는다."Legatio 11 초기 교회는 헬라와 로마 구분 없이 변화된 삶이 얼마나 매력적인 선교의 도구가 되는지 강조했고, 예수는 그 삶이 어떠해야 하는지 가르쳤다고 주장했다.[11] 크리스텐덤 시대 전 그 어떤 기독교 저자도 산상수훈이 중요하지 않다거나, 평범한 기독교인은 산상수훈에 따라 살 수 없다고 이야기하지 않았다. 크리스텐덤 이전pre-Christendom 시대에 살았던 비기독교인들은 멋진 예전이나 정교한 신학에 매력을 느끼지 않았다. 그들이 그리스도를 믿고 싶었던 이유는 그리스도인들과 그들의 공동체가 예수의 가르침을 실제로 살아냈고, 자유롭고 궁금증을 유발하며 매력을 발산하기 때문이었다.

세 번째 문제. 보쉬의 패러다임은 신학적책의 부제는 "선교신학의 패러다임 전환"이다이지만 실제적이지는 않다. 저자는 기독교 역사의 첫 천년 중 가장 근본적인 패러다임 전환인 크리스텐덤의 전환을 간과했다.[12] '동방교회의 선교 패러다임' 시기 한 가운데 놀라운 역사적 사건이 벌어졌다. 바로 로마 황제 콘스탄티누스가 기독교인이 되었다. 여기서 시작된 변화가 굳건히 자리를 잡기까지 수 세기가 걸렸다. 그러나 크리스텐덤이라고 부르는 기독교 문명의 도래로 이어질만큼 그 파급효과가 지대했다. 나는 선교 활동과 신학에 이보다 더 큰 변화를 끼친 사건은 없다고 생각한다. 물론 보쉬도 콘스탄티누스의 회심이 갖는 무게감을 안다. 다른 종교처럼 기독교에 합법적 지위를 부여한 313년 밀라노 칙령 이후 "상황은 크게 변화되었다"335쪽고 쓰고 있다. 칙령에 따라 교회와 황제는 다음과 같이 타협한다. "황제는 '시간' 속에 다스리고 그리스도는 '영원' 속에서 다스린다." 보쉬는 이러한 변화를 아쉬워한다.350쪽

하지만 나는 크리스텐덤의 도래가 선교에 미친 영향을 보쉬가 적절히 풀어내지 못했다고 생각한다. 저자는 '크게' 변화했다고 표현하며 크리스텐덤을 간략하게 언급한다.367~372쪽 하지만 패러다임 전환을 가져올 만큼 '크게' 변하지는 않았다. 나는 동의할 수 없다. 책 제목에서 보듯 보쉬의 관심사는 변화하는 선교다. 나는 서방과 동방에서 공히 크리스텐덤의 출현만큼 선교선교 정신과 그 실천를 변화시킨 사건이 없다고 생각한다. 크리스텐덤은 인간의 모든 경험을 그리스도의 통치권 아래 복속시키려 했다.[13]

사안에 따라 그 강도는 달랐지만 선교 영역에서 기독교는 각각 국가 권력, 강제력, 그리고 통속적 가치들과 결합했다. 나는 이 부분이 불편하다. 아래에서 크리스텐덤이 도래하면서 선교 영역에 끼친 영향을 여덟 가지로 정리해볼 것이다.

하지만 먼저 콘스탄티누스에 대해 한마디 하고 넘어가자. 재임 초기였던 312년, 중요한 전투를 앞두고 콘스탄티누스는 환상을 본다. 그것은 바로 "이 증표 안에서 승리하리라"는 문구가 아로새겨진 빛의 십자가다. 황제는 깊이 감명을 받고 이 십자가를 만들라고 지시한다. "금박을 입힌 창"에 가로로 막대기를 대고, 꼭대기에는 황금 화관과 보석으로 치장한 카이로크리스토그램 표식을 넣고, 가로장에는 보석으로 수놓은 천을 걸었다. 그 후로 황제는 이 십자가를 "적과 싸울 때 우리를 보호해주는" 상징으로 삼았다.Eusebius, Vita Constantini [VC] 1.29, 31 십자가는 놀랍도록 진보했다! 처음에는 혁명가란 딱지가 붙은 지방 출신 어떤 유대인에게 경멸적인 폭력을 가하는 제국의 도구였고, 힘 없는 기독교인들이 위험 속에서 하늘의 보호를 기다리며 영적 능력을 구하는 상징물수난의 상징이었다가, Apostolic Tradition [attrib. to Hippolytus] 42a, 기독교를 따르겠다는 황제의 황금 덮은 선포가 되기에 이르렀다. 십자가는 참 먼 길을 온 셈이다. 그 꿈 이후 콘스탄티누스가 바로 기독교인이 되지는 않았다. 하지만 이 때를 기점으로 기독교에 호의적인 조치들을 취하기 시작한 것은 맞다. 황제는 박해를 끝냈을 뿐 아니라 기독교 성직자들에게 수많은 특혜를 내렸고, 일요일을 법적 공휴일로 지정하는 한편 325년 니케아에서 기독교 통합을 위한 회의를 주재했고, 실내가 "빛이 쏟아지는 것처럼 반짝이도록"VC 3.36 황금으로만 꾸민 곳을 포함해 공들여 교회 건물을 지었다.15 더 나아가 주교들이 "별볼일 없는 옷과 외모를 갖추"VC 1.42었음에도 불구하고 그들과 한 상에서 밥을 먹었다.

기독교는 드디어 집을 찾았다. 그것도 궁정에서. 선교가 변했다는 사실을 이보다 더 강력한 이미지로 표현할 수 있을까. 이 극명한 대조야말로 패러다임이 엄청나게 달라졌다는 증거다. 교회에서 선교를 대하는 자세가 하룻밤 사이에 뒤집어지지는 않았다. 변화가 자리를 잡기까지 100년 이상 소요됐다. 360년대 소아시아 지역에서 카이사레아의 바실리오는 세례 후보자들을 "틀 안의 왁스처럼 주 예수 그리스도의 가르침에 맞춰가도록"On Baptism 1.2.10 훈련시키기 위해 여전히 노력했다. 하지만 바실리오는 빠르게 변하는 사회에서 전통에 목메는 사람이었던 것 같다. 패러다임 전환은 이미 모퉁이를 돌았다. 보쉬가 652쪽부터 사용하는 토착화라는 개념을 통해 크리스텐덤 전환Christendom shift을 보다 더 쉽게 이해할 수 있다. 앤드류 월스는 어느 문화권이든 기독교를 주입하기 위해서는 두 가지 원리가 필요하다고 주장한다.

첫째, 대상 사회의 고유한 형식과 언어로 복음을 표현하는 현지화 원칙indigenous principle과 둘째, 모든 문화권에 공히 도전장을 던지는 보편적 가치를 일컫는 순례자 원칙pilgrim principle이 그것이다.[16] 기독교인은 이 두 가지 원칙 사이에서 균형을 잡기 위해 애써왔다. 크리스텐덤 이전의 기독교인은 외부적 압박에서든 습관적으로든 순례자 원칙을 지나치게 강조했고, 크리스텐덤 시대의 기독교인은 토착화에 집중한 나머지 스스로를 구별해야 한다는 사실을 망각했다.

크리스텐덤 이전시대에서 크리스텐덤으로의 전환

'크리스텐덤 이전'과 '크리스텐덤'이라는 두 개의 중요한 선교 패러다임을 아래 표에서처럼 여덟 개 항목으로 대조해보자.

1. 바라보는 지점. 크리스텐덤 전환 이후 기독교인들의 관점은 사회 주변부에서 중심부로 옮겨갔다. 크리스텐덤 이전, 즉 콘스탄티누스 이전의 기독교는 불법적 종교였다. 이웃들이 욕하거나 제국의 권력자들이 핍박할 수 있는 미신이었다. 기독교 내부의 사회적 구성은 다양했으나남자뿐 아니라 여자, 교육받은 사람과 그렇지 못한 사람, 가난한 자와 부자, 사회 정점에 있는 귀족 남성이 기독교에 매력을 느끼는 경우는 드물었다. 키프리안처럼 귀족이 신앙을 갖는

표1. 크리스텐덤 패러다임 전환: 선교에 관하여

항목	크리스텐덤 이전	크리스텐덤
바라보는 지	주변부, 비주류, 사적	중심부, 주류, 공적
매력	자유로운 사람들, 매력적인 공동체, 영적 능력	사회적 평판/일자리/권력으로 가는 통로, 사회 생활
힘	영적 능력, 인간적인 연약함	사람/제도적 능력
제재	자발적	강제적
토착화	순례자 원칙과 현지화 원칙 사이의 긴장, 이 땅에 사는 이방인	현지화 원칙이 압도, 거주자/교구민
예수의 역할	선한 목자 – 승리자, 주님, 치유자, 모든 기독교인들의 교사	'전능하신 통치자' *Pantokrator* – 높으신 하나님, "완벽한" 기독교인들의 교사
예배	별 것 없는, 매력적으로 살게끔 교인들을 준비시키는	압도적인 건물 안에서 벌어지는 극적 예전, 비기독교인들에게 감명을 주는
선교 방식	교회 정체성으로서의 선교, 이교와 유대교에 대한 진지한 관심	교회의 입장을 정하고 유지, 이교와 유대교를 금지, 타락한 신자와 영토 바깥에 있는 사람을 대상으로 한 선교

경우, 그는 기독교인으로서 자유를 누리기 위해 부와 권력을 포기해야 했다. Ad Donatum 3, 17 권력의 중심에서 소외된 기독교인들은 집중화하지 않는 방식으로 삶을 발전시켜 나갔다. 공동체들은 가정집에서 만났고, 중심이나 위가 아닌 주변부에서 사회를 보았으며 성경을 읽고 신학을 했다. 크리스텐덤 이전의 새신자는 "평범한 시민이었다가 사회적 기준으로는 조금 이상한 광신도 모임의 회원"이 된 사람이었다.[18]

크리스텐덤에 들어온 후 기독교인도 사회에서 중요한 직책을 맡을 수 있었다. 콘스탄티누스가 주교들과 함께 밥을 먹었다는 기록에서 신분이 상승했다는 사실이 드러난다. 기독교인들은 더는 비정상적인 존재가 아니었다. 기독교는 도리어 제국을 지배하는 자들의 종교가 되었다. 기독교로 개종한다는 것은 "사회가 통상적으로 떠받드는 기준에 맞춘다는 것"을 의미하게 되었다.[19] 귀족 남성도 교회의 일원이 되기 시작했고, 귀족들은 오랫동안 지켜온 자신들의 가치에 맞게 교회의 가치관과 전통을 바꾸기 시작했다. 제국의 관료인 암브로스가 세례를 받을 때는 키프리안과는 달리 근본적으로 달라지지 않았다. 대신 그는 키케로가 쓴 『의무론』*De officiis*의 기독교판을 저술하는데 매진했고, 이를 통해 기독교 성직자와 글을 아는 평신도는 몸가짐을 어떻게 해야하는지 제시하고자 했다.[20] 기독교 세계의 "귀족화"가 뒤따랐다.[21] 예배는 이제 공적 행위였고, 집이 아닌 대성당에서 열렸다.[22] 기독교인들은 이제 주변부가 아니라 중심부에서 사회를 바라보고 성경을 해석했다.

2. 매력. 크리스텐덤 전환 이후 기독교는 확실한 당근을 제시할 수 있는 힘을 얻었고, 따라서 기독교가 가진 매력의 성격 자체가 달라졌다. 크리스텐덤 이전 시대 기독교인들은 사회와는 다

른 자유, 정의, 그리고 기쁨을 드러냈고, 비기독교인들은 여기에 끌렸다. 기독교에 흥미를 느끼는 사람은 명확한 대가를 치를 수밖에 없는 현실을 마주해야 했고, 사회 전반에서 겪을 어려움도 감수해야 했다. 기독교인들은 비기독교인들로부터 괴롭힘과 왕따를 당했고, 때에 따라 목숨을 잃기도 했다. 교회 스스로도 값싼 회심을 막기 위해 장애물을 배치했다. 긴 신앙문답교육 프로그램을 통해 새신자들이 진지하게 임하고 있음을 확인했다.[23] 이러한 장애 요인에도 불구하고 끊임없이 기독교인이 늘었다. 그것도 놀라운 속도로.[24] 도대체 이 사람들은 왜 교회에 나왔을까? 그들의 고백은 항상 같았다. 사람들이 기독교에 매력을 느낀 이유는 기독교인들이 매력적이었기 때문이다. 오리겐은 "그리스도로부터 배운 하나님의 교회들을 그들이 사는 곳에 있는 사람들의 모임과 비교하면 교회는 '세상의 빛'이다"Contra Celsum 3.29라고 이야기했다. 저스틴은 "이웃이 일상을 살아가는 것을 볼 때, 고통 받는 지인들이 희한하게 잘 참는 것을 볼 때, 그들이 자신을 대하는 방식을 경험할 때"Justin, 1 Apol, 16 사람들이 망설임을 넘어 교회로 나온다고 기록했다. 따라서 기독교 지도자들은 교인들이 남들과는 다른 매력을 발산하기 원했다. "자신들 내부에서 뿐만 아니라 이방인들 사이에서도 선으로 빛나서 그 사람들이 닮고 싶어하게 끔"Canons of Hippolytus 19 그리스도인들이 살 수 있도록 신앙문답교육을 진행했고, 매력적인 비정상의 삶2 Clement 13을 보라을 살겠다는 약속을 교인들이 지키게끔 설교했다. 크리스텐덤 이전에 활동한 저술가의 표현을 빌리자면 "우리 기독교인들은 위대한 것을 일장 연설하기보다는 그냥 살아낸다" Minucius Felix, Octavius 38.6였다.

크리스텐덤 시대에 들어오며 회심하면 대가를 치루기보다는 도리어 이득을 얻을 수 있게끔 바뀌었다. 기독교가 황제의 종교라는 사실이 기독교인이 되는 중요한 이유가 되었다. 이제 기독교는 직장에서 출세하는 데 도움이 되었다. 얼마 지나지 않아 사람들은 "기독교인인 척하려고 교회로 기어들어온 자들의 가증스러운 위선" VC 4.54이라는 크리스텐덤 이전시대에는 듣도 보도 못한 문제에 대해 불평하기 시작했다. 사회경제적으로 잘 나가는 사람들은 기독교인이 된 후 아랫사람들에게 회심하면 이득을 본다고 말하기 시작했다. 5세기 초반 히포의 어거스틴은 "누군가의 마음에 들기 위해 교인이 되는 것 외에는 별다른 방법이 없거나, 자신을 싫어하는 사람으로부터 해코지당할까 두려워하는" First Baptismal Instruction 5.9, 그리고 사회적으로 별볼일 없는 사람을 전형적인 세례 후보자로 꼽았다. 크리스텐덤 시대에도 기독교인들의 매력에 끌리는 사람이 없지는 않았지만 이제 회심의 가장 큰 장애물은 바로 교인들 자신이었다. 어거스틴은 어떤 설교15.6

중 "믿으라고 누군가를 압박하면 '나보고 누구누구처럼 되란 말이요?'라고 반문하기 일쑤"라고 말하기도 했다. 비기독교인들은 이제 도덕적 차원에서 회심을 꺼리게 되었다. 크리스텐덤은 이 문제에 강제력으로 대응했다.

3. 힘. 크리스텐덤 전환 이후 교회는 하나님보다 사람의 능력에 기대게 되었다. 크리스텐덤 이전 시대 그리스도인들은 거의 힘이 없었다. 물론 시간이 지나며 몇 몇 힘 있는 사람들이 이 운동에 동의하기 시작했고, 특히 그 중 일부는 왕궁에 사는 여성들이었다. 기독교인들과 그들 공동체의 매력 덕분에 지역에서 명망있는 시민들decurions 일부가 교회에 들어오기도 했다. 하지만 위기가 닥치면 신앙 때문에 목숨까지도 잃을 수 있다는 사실을 그들도 알았다. 정치적 권력이 제한되었기 때문에 크리스텐덤 이전 시대 그리스도인들은 하나님의 능력을 의지했는지도 모른다.[25] 터툴리안은 사람들이 교회 모임에서 나타나는 이적magnalia 때문에 기독교에 끌린다고 언급했다.To His Wife 2.7 오리겐은 "복음을 증오하던 사람들을 어떤 영이 환상을 통해 하루아침에 바로 그 복음을 위해 죽을 수 있는 사람으로 바꿔놓기도 한다"고 기록했다.Contra Celsum 1.46 귀신 쫓는 의식은 세례후보자를 준비시키는 신앙문답교육 과정에서 아주 핵심적인 부분 중 하나였다[26] 에버

렛 퍼거슨은 "로마 세계에서 기독교가 성공한 중요한 요인은 악귀로부터 해방시켜준다는 약속이었다"고 결론내린다.27

크리스텐덤으로 넘어온 이후에도 귀신 쫓는 의식은 지속되었으나 세례를 준비하는 과정에서 그 내용은 아주 무섭고 극적으로 바뀌었다.28 기적은 이제 성물과 관련되거나 크리스텐덤의 변방, 즉 "거룩한 사람들"이 살면서 선교사들이 저항에 직면하는 장소인 동방과 서방의 국경 지역에서만 보고되었다. 기독교인들이 권력을 잡고 있는 크리스텐덤의 중심부에서 기적은 이제 옛날 이야기였다. 암브로스는 밀라노에서 "처음에는 믿지 않는 사람들을 위해 여러 기적이 일어났지만, 완전히 성장한 교회의 시대에 살고 있는 우리는 이제 기적이 아닌 믿음을 통해 진실을 붙잡아야 한다" De sacramentis 2.15 고 가르쳤다. 사람들은 이제 하나님의 능력을 더 예측가능하고 제도적인 방식으로 경험하게 되었다.

4. 제재. 크리스텐덤 전환은 기독교를 자발적인 운동에서 강제적인 제도로 바꾸어놓았다. 크리스텐덤 이전에 신자들은 강력한 방해 요소를 극복하고 믿음과 세례로 나아왔다. 운명과 악귀, 그리고 사회적 관습이 지배하는 세상에서 사람들에게 회심이란 강력하게 자유를 선포하는 사건이었다. 저스틴은 "아무런 지식 없이 다만 필요에 의해 우리는 처음 태어났으나" 기독교인은 "자유

의지와 앎"을 통해 세례 시 다시 태어난다고 이야기했다. 1 Apol. 61 키프리안는 "자율적으로 믿거나 믿지 않는 것을 결정할 수 있는 자유 의지"를 북아프리카 교회의 근본적인 원칙 중 하나로 꼽았다. Ad Quirinum 3.52 따라서 기독교는 힘이나 강제성과는 맞지 않았고, 이레니우스는 기독교인들이 믿는 신은 "폭력적인 방법이 아니라 설득의 방법으로" 일한다고 썼다. Irenaeus, Adv. Haer. 5.1.1 교회는 자유롭고 자발적이고, 또 풍요롭고 모험이 가득한 삶으로의 초대라는 아래서부터 위로 올라가는 방식으로 빠르게 성장했다.

4세기에 점진적으로 환경이 변했다. 카이사레아의 바실리오는 360년대 카파도키아에서 "복음을 전할 때 인간적인 유익을 제시하지 말아야 하는 이유는 하나님의 은혜가 가려질까봐서이다" Moralia 70.26라고 이야기하며 크리스텐덤 이전의 접근법을 강조했다. 그러나 불과 2, 30년 후 기독교인들은 이러한 방식을 구닥다리로 취급하며 기독교를 강요하는 방식을 여럿 찾아냈다. 램지 맥뮬렌은 "법, 수도사, 지주"가 대표적이었다고 설명한다.[29] 380년과 392년 사이 "이단성 있는" 기독교인들과 이교도들이 공공장소에서 예배를 드리지 못하게 하는 법령들이 통과되었다. 어거스틴은 이 사실을 확인해주고 있다. "오랜 시간 기독교인들은 이교도들에게 대응할 엄두도 내지 못했다. 이제는 이교도로 남는 것 자체가 범죄다. 하나님께 감사를!" Enarr. In Ps. 88 이제 교회 지도자들은 지방 관료와 공모해 이교 신전이나 성지를 빼앗았다. 수도사들의 역할은 덜 알려져있다. 수도사들은 적극적인 전도나 일상의 "선교적 차원"을 통해 유럽 곳곳에 복음을 전파하는데 일조했다고 보쉬는 밝히고 있다. 380쪽 최고의 수도사들은 영적 수련과 화해, 환대와 같은 "예수의 비폭력적 정체성을 드러내는" 활동을 하기도 했다.[30] 하지만 특히 동방에서 많은 수도사들은 이교도 제거의 전위부대 역할을 했다.[31] 농민들을 전도하는 지주의 역할은 알려진대로다. 지주는 원하기만 하면 소작농들이 세례를 받게끔 강요할 수 있었다. 어거스틴은 "그런 열정이 있는 소유주가 기독교인이 된다면 아무도 이교도로 남아있지 못할 것"이라고 이야기하기도 했다. Enarr.in Ps. 54.13 기독교를 강요하는 여러 방법 중 맥뮬렌은 언급하지 않았고, 보쉬는 무시했던 최후의 수단은 바로 유아세례였다. 크리스텐덤 이전시대에는 기독교 집안에서도 아주 특수한 경우에만 유아세례를 진행했다. 그러나 5세기에 진행된 "세례 혁명" 이후에는 유아세례가 곧 사회적 표준이 되었고, 유아에게는 아무런 선택권이 주어지지 않았다.[32] 제재의 개념 자체가 크리스텐덤에서 달라졌다. 비기독교인들이 장애요인을 극복하고 기독교인이 되는 것이 아니라, 이제는 기독교인들이 이교도나 유대교도가 되기 위해 엄청난 압박을 이겨내야 했다. 유럽의 기독교화된 나라에서는 아주 소수만이 해낼 수 있었다. 자유를 자발적으로 선택하는 행위였던 기독교는 이제 어쩔 수 없이 받아들이는 강제적인 것이 되어버렸다. 크리스텐덤에서 교회는 위에서 아래로 성장했다.

5. 토착화. 크리스텐덤 전환 후 기독교는 이제 사회를 내 집처럼 편하게 여기게 되었으며, 따라서 사회에 독특한 기여를 할 수 있는 능력도 잃어버렸다. 크리스텐덤 이전, 특히 1세기와 2세기 기독교인들은 스스로를 '외국인 거주자'라고 즐겨 불렀다. 그리스도인들은 이곳이 집이라고 생각하면서도 동시에 어디 살든 그곳이 완전한 집은 아니라는 사실도 자각하고 있었다. "그들에게는 모든 이방 나라가 조국인 동시에, 모든 조국은 이방 나라이기도 하다"Ep. Diogenetus 5 더 큰 사회 안에서 스스로를 구별하기 위해 교회들은 세례 전에 받는 신앙문답교육을 치밀하게 구성했다. 7~8년까지도 걸렸던 크리스텐덤 이전의 이 훈련 과정은 성경 이야기와 예수의 가르침, 그리고 기독교 공동체의 윤리와 풍습를 예비 신자들에게 전해주는 과정이었다. 후원자나 대부모로 섬기는 경험 많은 기독교인은 세례 후보자를 가르치는 자리에 함께했다.33 이러한 방법을 통해 새로운 기독교인들은 사회에 집을 두고 있지만현지화 원칙 기독교의 독특한 신념에 충실한순례자

원칙, 즉 신앙에 신의를 더하려고 애쓰는 교회에 몸담았다. 기독교인들은 사회의 어떤 관행과 상징물을 기독교화해서 사용하고, 어떤 것은 거부할지를 끊임없이 따졌다. 예를 들어 많은 기독교인들이 이교적 배경과 과도한 탐닉의 위험성에도 불구하고 장례 음식refrigerium을 받아들였다. 그 이유는 기독교인들이 죽은 날을 기념하고 기억하기 위함이었다.34

교회가 크리스텐덤에서 더 빨리 성장하고 제국의 특권층 속으로 더 침투할수록 이러한 현지화 경향은 더 짙게 나타났고, 순례자 원칙은 더욱 더 강한 반대에 직면하게 되었다. 로마 귀족들은 몇 세기 동안 전승되어온 기독교 관습과 전통을 당연하게도 불편해했다. 4세기 후반 어거스틴은 북아프리카의 로마 행정관이었던 볼루시안이 이런 부분을 꺼린다는 사실을 알았다. 볼루시안은 어거스틴에게 "그리스도의 가르침과 신조는 제국의 관습에 맞을 수 없다"고 썼고, 어거스틴은 그렇지 않다고 답했다. 어거스틴은 볼루시안에게 당신을 걱정시킨 예수의 가르침은 "마음의 기질"에 대한 것이지 정치적인 행동에 관한 것이 아니며, 이 기질을 다스리기 위해서 "친절한 엄격함 같은 것"이 필요하다고 말해주었다. 이제 로마 귀족은 자기가 속한 계급의 가치에 대한 도전을 받지 않고서도 별 문제없이 기독교인이 될 수 있었다.Augustine, Epp. 136-37 어거스틴과 볼루시안의 서신 왕래를 살펴보면 콘스탄티누스 후 1세기만에 교회 안에 "귀족화"가 진행되었다는 사실을 명확히 볼 수 있다. 이제 기독교 지도자들은 세례 받은 전통적 특권층이 주도하는 사회 질서에 기독교를 잘 맞추려고 교회 전통 중 까다롭고 모난 부분들을 예쁘게 다듬었다. 4세기 세례 후보자를 가르칠 때 핵심적인 내용은 어떻게 예수의 가르침대로 살 것이냐가 아니라 어떻게 이단의 오류에 빠지지 않느냐가 되었다.[35] 기독교화된 귀족들의 행동에 도움을 주기 위한 저술도 등장했다. 380년대 밀라노의 암브로스 주교는 교회가 엘리트 계층에 관심을 갖고, 이들의 관심사가 교회의 관심사가 될 수 있도록 『의무록』을 집필했다.[36] 이는 이교도였던 키케로가 쓴 작품의 기독교 버전이라 할 수 있다. 그리고 이 시기 정의로운 전쟁 이론이 기독교 역사에 처음 들어왔다. 암브로스의 『의무록』과 마찬가지로 정의로운 전쟁 이론just-war theory 역시 토착화를 위한 시도였다. "네 원수를 사랑하라"는 예수의 가르침을 불편해하는 제국의 특권층 입맛에 맞게 그 해석을 내면에 대한 부드러운 내용으로 바꾸어버렸다. 특권층의 가치관전통적 로마 가치들이 그 예이다이 이제 공적 영역을 지배했다.[37] 기독교인들은 이제 더 이상 순례자가 아니었다. 중세 서방교회에서 기독교인들은 이 땅에 사는 이방인헬라어로 paroikoi이 아니라 그냥 거주자 혹은 교구민라틴어 parochiani이라고 불렸다.

6. 예수의 역할. 예수의 역할은 원래 선한 목자, 즉 모든 그리스도인의 교사였다. 그러나 크리스텐덤 전환 이후 예수는 찬양받을 주님이자 아주 소수의 '완벽한' 그리스도인들만 적용할 수 있는 가르침을 주신 분으로 바뀌었다. 크리스텐덤 이전시대 기독교에서는 예수를 선한 목자, 치유자, 선생으로 상징화했다. 이러한 이미지는 예수의 가르침은 생명을 주는 힘이라는 초기 기독교의 핵심 테마를 반영한 것이었다. 250년 경 북아프리카에서 키프리안 주교는 예수를 "주님이시며 우리 삶의 교사이자 영원한 구원의 통치자"이며 모든 믿는 자를 인도하는 "거룩한 명령"과 "천국의 계율"을 알려주시는 분이라고 표현했다.On Works and Alms 7

보쉬가 정확히 관찰했듯이 크리스텐덤에서 기독교인들은 그리스도의 인간적 면모를 "덜 노출"하고 "황제의 제의를 연상시키는 쪽"으로 예수를 그려냈다.335쪽 선한 목자, 치유자, 교사 예수는 사라지고 황제의 옷을 걸치고 머리 위에 황제를 상징하는 후광을 띈 전능하신 통치자 그리스도가 숭배를 받으며 그 자리에 들어섰다.38 이 "새로운 모습"을 잘 보여주는 예가 문화적으로 동방과 서방 양측의 균형이 잘 잡혔다고 평가받는 라벤나의 산 비탈레 성당이다. 이곳에서 시각적 하이라이트는 바로 원형 모자이크다. 이 작품에서 유스티니아누스 황제와 테오도라 황후는 각각 성찬에 사용되는 성배와 성반을 들고 금과 보석으로 번

쩍번쩍 빛나는 그리스도 아래 있다.[39] 여기서 그리스도는 우리 중에 속한 우리와 같은 사람이 아니다. 아리우스파 논쟁으로 인해 정교는 그리스도의 인성 말고 그의 신성을 강조해야 한다고 생각하게 되었다. 따라서 특별한 금욕주의 기독교인만 그리스도의 가르침과 삶을 흉내낼 수 있다고 가르칠 수 있었다.[40] 새로운 기독교 윤리는 이중적 특성을 갖게 되었다. 이중적 기독교 윤리는 앞선 세대에서 그 뿌리를 찾을 수 있지만 크리스텐덤 시대에 비로소 활짝 꽃피었다.[42] 카이사레아의 유세비우스가 330년대에 간결하게 정리했다. "그리스도의 법은 교회에게 두가지 삶의 방식을 주었다. 첫번째는 자연과 일반적인 인간의 삶을 넘어서는, 즉 결혼, 육아, 소유, 부 등을 허락하지 않고, 평범한 인간의 관행적 일상으로부터 완전하게 분리된 삶이다. 이러한 삶에서는 하늘에서 내려오는 사랑의 풍요로움 속에서 하나님을 섬기며… 중략 이런 것이 기독교적 삶의 완벽한 모습이다. 다른 두번째 방식은 조금 더 겸손하고 인간적이며, 보통의 사람들처럼 결혼생활도 하고, 아이도 낳고, 정부에 참여하며 군인들에게 옳은 것을 위해 싸우라고 명령도 내리는 그런 방식이다. 이것은 이등급 경건함이라고 볼 수도 있다. Demonstratio Evangelica 1.8.29b-30b

암브로스는 『의무록』에서 동일한 주제를 다룬다. 평범한 독자를 실망시키려는 것이 아니라 그들에게 무엇이 가능한지 명확하게 알려주기 위해서다. 암브로스는 독신 서원을 한 '완벽한' 기독교인만 "원수를 사랑하고, 나를 터무니없는 말로 비난하고 핍박하는 사람을 위해 기도"할 수 있다고 가르쳤다.1.36-37, 129, 175-77 고귀하신 그리스도가 하실 수 있었으니 어렵긴 해도 완벽한 성직자도 할 수 있다는 논리였다. 하지만 일반적인 기독교인 귀족은 원수를 사랑할 수 없기 때문에 이웃이라도 사랑해야 했고, 따라서 이웃이 사는 도시를 지키고 땅을 지켜야 했다. 원수를 사랑하는 그리스도의 행동양식은 가능하지도, 바람직하지도 않았다. 기독교인의 롤 모델이 그리스도가 아니었다면 도대체 누가 그 역할을 했을까? 암브로스에 따르면 구약의 족장들이 그 역할을 했다. 『의무록』에서 암브로스는 구약의 여러 인물을 롤 모델로 제시한다. 그러나 모든 사람이 기독교인인 사회에서 전문 성직자에게만 롤 모델이었던 예수는 책에서 빼놓았다.

7. 예배. 크리스텐덤 전환을 통해 예배는 교인을 세우는 소박한 모임에서 외부인을 전도하기 위한 거대 집회로 바뀌었다. 크리스텐덤 이전 교회에서 예배는 대부분 그 규모가 작고 집에서 이루어졌고, 수사학적으로 거칠 뿐더러 예식은 별볼일 없었고, 무엇보다 그리스도인들에게만 개방되었다. 대중을 감동시키는 게 아니라 하나님을 예배하고 믿음을 매력적으로 살아내도록 기

독교인들을 준비시키는 것이 예배의 목표였다. 교인들에게 위험한 세상을 살아낼 수 있는 힘을 주기 위해 말씀과 식탁에서 오는 영적 양식을 예배를 통해 제공했다.

크리스텐덤에서도 여전히 하나님을 예배하게끔 예배 양식을 준비했으나, 그 사회적 역할은 달라졌다. 예배는 화려하게 꾸며진 대성당에서 열리는 공적이고 장엄한 행사가 되었다. 출석은 강제될 때가 있었고, 억지로 끌려와 짜증이 난 사람 혹은 즐기기 위해 온 사람도 있었다. 분위기는 대체로 엉망이었다. 시리아에서는 집사들이 예배 장소를 돌아다니며 사람들이 "귓속말하거나 자거나 웃거나 끄덕거리지 않게" 감시했다. Apostolic Constitutions 2.57 예배는 건물과 마찬가지로 회중을 감동시킬 수 있게끔 설계되었다. 입이 딱 벌어질만한 예식을 통해 하나님을 강력하게 체험할 수 있도록 예배를 준비했다.43 크리스텐덤 초기에는 예배를 통해 초심자가 세례를 신청하게 노력하기도 했다. 착석한 사람을 전도하기 위해 화려한 언변을 자랑하는 설교자와 멋진 예전을 준비했고, 금, 보석, 황제의 상징물과 같이 사회에서 가장 가치있는 걸로 여겨지는 것들을 성물이나 상징으로 활용했다. 요하네스 카스텐은 "예전은 처음에는 첫 기독교인들이 집에서 최후의 만찬을 간단히 기념하는 형태였다가, 시간이 지나며 궁정 행사의 형태로, 나중에는 황제가 베푸는 연회의 모습으로 점차

변해갔다”고 기록했다.44

크리스텐덤 이전에 예배는 그리스도인을 위한 것이었다. 예배는 그리스도인이 매력적으로 살 수 있게끔 준비시키는 도구였다. 그렇게 복음이 전달되었기 때문이다. 크리스텐덤에서 예배는 반쯤 헌신적이거나 전혀 헌신적이지 않은 사람들을 혹하게 해서 변화시키는 도구였다.

8. 선교 방식. 크리스텐덤 전환은 교회의 포커스를 선교에서 관리로 바꾸었다. 기독교 영토의 끝자락만 예외였다. 크리스텐덤 이전 시대 선교는 교회 정체성의 알짬이었다. 초기 그리스도인들은 선교의 중요성에 대해 거의 쓰지 않았지만, 그들이 다뤘던 다양한 주제 속에서 그 강조점을 충분히 유추해볼 수 있다. 초기 기독교 저술의 상당 부분은 “변증”이었다. 이는 초기 그리스도인들이 이교도와 유대교 이웃들을 진지하게 여겼고, 그들과 대화할 수 있는 방법을 찾아보려고 했다는 뜻이다. 선교가 초기 기독교인들의 정체성을 설명해주는 핵심 요소임을 보여주는 또 하나의 예는 바로 240년대 북아프리카에서 온 약간 특이한 문서다. 이는 키프리안이 카르타고에 있는 교회를 가르치기 위해 준비한 120개의 행동수칙 모음이다. 키프리안은 다음과 같은 내용들을 넣었다. “우리는 말이 아닌 행동으로 일해야한다”, “성령이 자주

불로 나타났다”, “과부와 고아가 보호받아야 한다” Ad Quirinum 3.96, 101, 113 그러나 120 개 수칙 중 전도하라고 권면하는 내용은 하나도 없다. 하지만 교회는 매력적으로 살아가는 기독교인들 덕분에 엄청난 속도로 자라고 있었고, 비기독교인 이웃들을 항상 도울 준비를 하고 있었으며, 남의 시선을 신경쓰지 않고 자신들의 믿음에 대해 “수다를 떨기”도 했다. 너무 자연스레 이러한 일들을 하고 있었기에 굳이 키프리안의 권고를 들을 필요도 없었던 것이다.

크리스텐덤에서는 선교사가 된다는 것이 자연스럽지 않은 일이 되었다. 황제의 배려와 법령에 따라 교회는 성장했고, 6세기에는 제국의 모든 사람이 기독교인이 되었다. 전도를 거부한 사람들은 결국에는 억지로 남들 다 하는대로 할 수 밖에 없었다. 유스티아누스 황제가 529년 발표한 법령은 이 과정에 종지부를 찍는 상징인 동시에 이 제도가 가진 문제점을 드러냈다. 법령에 의하면 세례를 받은 사람 중 “세상적이고 끔찍한 이교도의 오류에 사로잡혀 선하신 하나님을 분노하게 만드는 행동을 하는” 사람들이 있었다. 심지어 이 중 일부는 “불경한 이교도들의 정신 나간 이야기”를 다른 사람에게 가르쳐 “그 가르침을 들은 사람의 영혼을 파괴”하기도 했다. 이러한 자들은 “자신들이 지은 죄에 걸맞는 보복”을 당하게 될 것이라고 명시했다. 아직 세례를 받지 못한 사람은 아내와 아이들, 그리고 집안의 소지품을 들고 교회에서 배우고 세례를 받아야 했고, 어린 아이들은 즉시 세례를 받았다. 이 법령에 반대하는 사람은 부동산을 소유할 수 없고, "가난 속에 헤매도록" 버림받는 것은 물론, "응당한 형벌"도 받게 되었다. 새로운 방식의 선교가 여기 있었다! 이제 기독교인들은 더는 이교도나 유대교라는 대안을 고민할 필요가 없었다. 왜냐면 논쟁에서 힘이 승리했기 때문이다.[45] 기독교인들은 이제 정통성을 정의하고 그게 아닌 것을 깎아내리는 데 자신들의 문학적 소양을 썼다. 황제의 법령에 따라 모든 사람은 정통 기독교인이 되었고, 선교는 불필요해졌다.

그러나 크리스텐덤 시대에도 선교는 여전히 툭툭 튀어나왔다. 목회적으로 명민한 사람들은 대부분의 사람들이 아주 가볍게 기독교화되었다는 사실, 즉 신앙문답교육은 건성으로, 회심은 대충 지나갔다는 사실을 알았다. 미사에 출석하는 세례받은 기독교인이 여전히 이교도의 비밀 의식에 참여하기도 했다. 또 교회마다 수많은 "타락한 사람들"이 있었다. Augustine, First Catechetical Instruction 7.12 따라서 믿음 없는 신자의 열정을 되살리기 위한 '내면적 선교'의 문은 항상 열려있었다. 그리고 기독교 세계의 접경 지역에도 항상 선교의 기회가 있었다. 이교도를 만날 수 밖에 없었기에 적절한 선교적 대응방식이 필요했던 것이다. 진정 어린

방식일 수도 있고, 정복을 통한 전도일 수도 있었다.[46]

크리스텐덤을 돌아보며

나는 4세기에 크리스텐덤으로 패러다임이 전환되었다는 사실이 앞서 살펴본 8가지 항목을 통해 드러난다고 주장한다. 역사적 변화를 개념적으로 정리하려는 다른 모든 시도와 마찬가지로 이 도식화 작업 역시 지나치게 딱 맞아 떨어진다. 일단 어떤 사건이 일어나기 전 나타나는 흐름이나 기대를 반영하지 않는다. 예를 들어 교회에 대한 사회적 인식이 좋아지는 여러 징후는 3세기에 이미 나타났다. 초기 급진주의가 콘스탄티누스 이후 한 세기 반 동안 여러 방식으로 지속되었다는 정황도 무시한다. 예를 들어 알렉산드리아의 시노도스라는 5세기 콥틱 교회 생활 지침서는 군인이 신앙문답교육에 참여하려면 군인이라는 "직업을 떠나야만" 한다[48]고 명시한다. 역사적 변화는 언제나 깔끔하지 않다.

그럼에도 불구하고 선교학적 개념에서 크리스텐덤 전환은 중요하다. 보쉬의 여섯 개 패러다임 중 세 개, 즉 동방, 로마가톨릭, 종교개혁개신교을 크리스텐덤 이전과 비교해보자. 각각 놓고 보았을 때 이들 패러다임과 크리스텐덤 이전의 공통점보다 이들끼리의 공통점이 훨씬 더 많다. 네번째 계몽주의 패러다임까지도 그 범주에 넣을 수 있다. 계몽주의 세계관 역시 크리스텐덤으로부터 지대한 영향을 받았기 때문이다. 선교에 대한 8가지 항목을 살펴보면 동방, 로마가톨릭, 종교개혁, 계몽주의 패러다임은 서로 놀랍도록 비슷하고, 콘스탄티누스 이전의 교회와는 확연하게 다르다. 바로 이 지점에서 가장 중요한 패러다임 전환이 바로 4세기에 일어났다고 이야기할 수 있다. 초대 교회가 막을 내리고 크리스텐덤이 등장하는 이 세기야말로 보쉬의 책 제목에 걸맞는 '변화하는 선교'가 일어난 시기다.

크리스텐덤에는 훌륭한 면도 많다. 성령이 여전히 교회에서 역사했으며 크리스텐덤 시대에 살았던 성인들, 학자, 선교사, 예술가 등은 후세 기독교인에게 풍성한 유산을 남겼다. 그리고 애초에 크리스텐덤 이전 시대에서 해결하지 못하고 넘긴 문제들이 있었다. 4~5세기 수많은어쩌면 지나친 논쟁을 일으킨 신학적 주제들은 이미 3세기 때부터 도사리고 있었고, 언젠가는 다뤄야 했다.

하지만 제임스 P. 마틴처럼 나도 여섯 개가 아니라 세 개의 역사적 패러다임을 제시하고 싶다. 크리스텐덤 이전pre-Christendom, 크리스텐덤Christendom, 크리스텐덤 이후post-Christendom다. 첫 두 개는 이미 꽤 자세히 설명했다. 크리스텐덤 기관과 전제가 정체되고 해체되는 상황을 겪는 서양 여러 국가에서 기독교인들은 세 번째 시대에 관해 다양한 논의를 하고 있다.

이 3단계 패러다임을 거칠게나마 미국과 서유럽에 적용해볼 수 있다. 미국 신학자들은 자국의 크리스텐덤 시대가 끝났는지를 논의하고 있다. 하지만 최근 경향을 보면 크리스텐덤이 오히려 다시 살아나는 것 같기도 하다.[49] 유럽 대부분 국가에서는 이 구분이 보다 더 명확하다. 신학자들은 이미 '크리스텐덤 이후의 선교'에 대해 쓰기 시작했고, 크리스텐덤 이후 시대에 맞는 새로운 교회 생활과 복음 전도 방식을 개발하기 위해 연구하고 있다.[50] 학자들은 미지의 영역에 들어선 오늘의 교회에게 크리스텐덤 이전 시대 교회가 참고하고 대화를 나눠야 할 대상이 되었음을 발견하고 있다.[51]

역사적으로 크리스텐덤의 영토가 아니었던 지역에서도 크리스텐덤과 그 전후로 나누는 패러다임 삼분법은 유용하다. 많은 나라에서 교회의 시작은 크리스텐덤 전제와 제도를 복음의 핵심으로 들여온 선교사들과 함께했다. 이렇게 시작한 교회들의 많은 지도자들은 시간이 지나며 자국의 문화에 더 많이 귀기울여야 한다는 사실을 알게되었다. 교회는 유명론nominalism*에 시달리고 있고, 교인들은 매력도 없을 뿐더러 직장에서 어떤 일관되고 진실된 모습을 보여주지 못하며, 그들의 삶과 예배는 더는 새로운 세대의 마음을 끌지 못한다. 이것이 지금의 목회 현실이다. 이러

* Nominalism은 개개의 사물이 보편적 대상보다 우선해서 존재한다는 철학적 견해로서 보편의 실재성을 부정하기 때문에 신학을 근본적으로 뒤엎는다는 평가를 받기도 한다. '명목론'으로 번역하기도 한다.

한 교회에 다니는 많은 사람들이 크리스텐덤 이전 시대가 멋지다고 생각한다. 이들은 자기가 다니는 교회를 짓누르고 있는 크리스텐덤적 관습과 전제를 크리스텐덤 이전의 경험을 통해 비판적으로 바라볼 수 있고, 그걸 바탕으로 희망적인 미래를 그려볼 수 있다고 생각한다.

역사적으로도, 또 오늘날에도 크리스텐덤의 영향을 받지 않은 교회들이 존재해왔다. 외부에서는 '네스토리우스파'라고 불리우는 아시리아 동방교회는 주후 천년 간 중앙아시아와 동아시아에서 아주 성공적으로 복음을 전했고, 교회 전통이 크리스텐덤적이지 않으면서도 동시에 예전에 충실할 수 있다는 사실을 보여주었다.[52] 최근 50여년 간 서구의 영향을 별로 받지 않은 다양한 교회들이 세계 각지에 나타나기도 했다. 이들에게는 크리스텐덤 이전, 크리스텐덤, 크리스텐덤 이후의 패러다임을 적용할 수 없다. 삶이 초기 기독교 교회와 비슷하기 때문에 이들 교회는 크리스텐덤에 별다른 관심이 없다.[53] 이들이 크리스텐덤 이전 시대에 대해 알게 되면 "우리랑 똑같네", 혹은 "이건 우리에게 진짜 도움이 많이 되겠는데"라는 반응을 보이며 신기해한다.[54] 이런 교회들은 선교 및 토착화와 관련해 4세기 교회가 내렸던 결정들과 비슷한 결정을 내리려는 유혹에 빠질 수도 있다. 그들에게 크리스텐덤 전환에 대한 공부는 정신 차리고 조심하게 하는 예언적 가

치가 있다.[55]

크리스텐덤의 영향을 받은 서구의 글로벌 교회나 그렇지 않은 세계의 여러 교회들이 처한 각각의 상황을 불문하고 크리스텐덤 이전 시대 교회는 모두에게 새로운 희망이 된다. 데이비드 보쉬는 책의 마지막 부분을 "포스토모던 패러다임의 출현"에 할애했다. 직접적으로 표현하지 않았지만 나는 이것이 실제적으로는 '크리스텐덤 이후' 패러다임이라고 생각한다. 이전보다 권력의 무게에 덜 짓눌려있는 오늘날의 기독교인들이 살아가는 데 있어 보쉬의 통찰은 큰 도움이 된다. 그리고 우리가 귀를 기울인다면, 크리스텐덤으로 전환하기 전 살았던 초기 기독교인들도 우리에게 통찰력 가득한 이야기를 들려줄 것이다.

후주

1. David J. Bosch, 『변화하는 선교』*Transforming Mission: Paradigm Shifts in Theology of Mission* (Maryknoll, N.Y.: Orbis Books, 1991). 이 글의 초안은 "Beyond Bosch: The Early Church and the Christendom Shift"란 제목으로 *Mission Focus: Annual Review* 11 (2003): Supplement, pp. 158-77 에 실렸다.
2. Cf. Wilbert R. Shenk, "Recasting Theology of Mission: Impulses from the Non-Western World," *International Bulletin of Missionary Research* 25 (July 2001): 98-107.
3. James P. Martin, "Toward a Post-Critical Paradigm," *New Testament Studies* 33 (1987): 370-85.
4. Ramsay MacMullen, *Christianity and Paganism in the Fourth to Eighth Centuries* (New Haven: Yale Univ. Press, 1997), pp. 66-67.
5. Andrew F. Walls, *The Missionary Movement in Christian History: Studies in the Transmission of Faith* (Maryknoll, N.Y.: Orbis Books, 1996), pp. 18-20.
6. 세번째 예는 보쉬가 종말론을 다루는 방식에서 찾아볼 수 있다. 저자는 종말론을 정의적(definitional) 관점에서 바라보며, 두번째 패러다임과 첫번째 패러다임인 "초대 교회의 묵시적 패러다임"을 구분하는 방식으로 종말론을 사용한다. 나는 보쉬가 종말론과 다른 두 영역에서 모두 초기 세기에 그 이후 시대 신학을 적용한다고 본다. 저자는 이 위험을 분산하기 위해 노력한다. 330쪽에서 천년왕국설, 육체의 부활, 그리스도와 성도들의 통치라는 현실주의적 종말론을 "교회의 견고한 그리스도인들이 지지했고 대다수의 순교자들 역시 영향을 받았다"고 서술했고 이 내용은 사료로 뒷받침할 수 있다. 따라서 나는 보쉬의 두번째 패러다임이 일관되지 않다고 보며, 이를 되살리려면 종말론 내용을 시급하게 손봐야 한다고 생각한다.
7. Dom Gregory Dix, *The Shape of the Liturgy*, rev. ed. (London: Adam & Charles Black, 1945), pp. 16, 35.
8. 『주의 언약서』*Testamentum Domini* 1.36.
9. Alan Kreider, 『초기 기독교의 예배와 복음전도』*Worship and Evangelism in Pre-Christendom* (Cambridge: Grove Books, 1995), pp. 8-9.
10. 대표적인 예가 히포의 어거스틴이다. 그의 『고백록』*Confessions* 1.11.17을 보

라.

11. Karlmann Beyschlag, "Zur Geschichte der Bergpredigt in der alten Kirche," *Zeitschrift für Theologie und Kirche* 74 (1977): 297.
12. Stuart Murray는 그의 책 *Post-Christendom* (Carlisle, Eng.: Paternoster Press, 2004)의 4장에서 크리스텐덤 전환을 다룬다.
13. 크리스텐덤의 특성에 대한 설명이 궁금하다면 Alan Kreider의 『회심의 변질』 *The Change of Conversion and the Origin of Christendom* (Harrisburg, Pa.: Trinity Press International, 1999), pp. 91-98 을 찾아보라.
14. Ibid., chap. 4; H. A. Drake, *Constantine and the Bishops: The Politics of Intolerance* (Baltimore: Johns Hopkins Univ. Press, 2000), pp. 419-20.
15. 회심 후 콘스탄티누스는 "황실의 다양한 자원과 부, 그리고 이에 기반한 프로파간다를 활용해 교회를 후원하기로" 결정했다. (Dominic Janes, *God and Gold in Late Antiquity* [Cambridge: Cambridge Univ. Press, 1998], p. 113).
16. Walls, *Missionary Movement*, pp. 7-9.
17. 키프리안이 회심하며 더 낮은 곳을 향했다는 사실에 대한 이야기는 Kreider의 『회심의 변질』*Change of Conversion*, pp. 7-9을 보라.
18. Wayne A. Meeks, *The Origins of Christian Morality: The First Two Centuries* (New Haven: Yale Univ. Press, 1993), p. 21.
19. *Ibid*.
20. Ivor J. Davidson, "Staging the Church? Theology as Theater," *Journal of Early Christian Studies* 8 (2000): 413-51.
21. Michele Renee Salzman, *The Making of a Christian Aristocracy: Social and Religious Change in the Western Roman Empire* (Cambridge, Mass: Harvard Univ. Press, 2002), p. 219.
22. 오랜 전통에 따라 4~5세기 기독교 예배는 사적 행사였다. 즉, 성만찬에 참여하는 세례자, 신앙문답교육생, 그리고 말씀의 예배에 참여하는 세례자에게만 열려있었다. 그러나 신앙문답교육이 쉬워지고 유아세례가 퍼지며 대부분의 사람들이 예배에 참석할 수 있게 되었다. 따라서 나는 기독교 예배가 더 공적인 성격을 띄게 되었다고 표현했다.
23. 『사도전승』*Apostolic Tradition* 16-20.
24. Rodney Stark, *The Rise of Christianity: A Sociologist Reconsiders History* (Princeton: Princeton Univ. Press, 1996), p. 6. 참고로 『변화하는 선교』에서 보쉬는 자신의 주장에 반하는 모든 증거에도 불구하고 "교회는 급속한 성장의 기회를 박탈당했고 시간과 힘을 중요한 신학적 문제들을 풀고 내적으로 굳건해지는 데 써야 했다."(332쪽)고 서술하고 있다.
25. James A. Kelhoffer, *Miracle and Mission: The Authentication of Missionaries*

and Their Message in the Longer Ending of Mark (Tübingen: Mohr Siebeck, 2000), pp. 310-39.

26. 『사도전승』*Apostolic Tradition* 20; Cyprian의 『도나투스에게』*Ad Donatum* 5도 함께 보라.

27. Everett Ferguson, *Demonology of the Early Christian World* (New York: Edwin Mellen Press, 1984), p. 129. 비슷한 분석을 보고 싶다면 Peter Brown, The World of Late Antiquity (London: Thames & Hudson, 1971), p. 55를 보라.

28. Thomas M. Finn, "It Happened One Saturday Night: Ritual and Conversion in Augustine's North Africa," *Journal of the American Academy of Religion* 58 (1990): 592.

29. MacMullen, *Christianity and Paganism*, p. 67.

30. Lawrence R. Hennessey, "The Mimesis of Agape in Early Christian Monasticism," in *Nova et Vetera*, ed. John Petruccione (Washington, D.C.: Catholic Univ. of America Press, 1998), p. 147.

31. W. H. C. Frend, "Monks and the End of Greco-Roman Paganism in Syria and Egypt," *Cristianesimo nella storia* 11 (1990): 460-84.

32. David F. Wright, "Augustine and the Transformation of Baptism," in *The Origins of Christendom in the West*, ed. Alan Kreider (Edinburgh: T & T Clark, 2001), pp. 287-312; Paul F. Bradshaw, *Early Christian Worship: A Basic Introduction to Ideas and Practice* (Collegeville, Minn.: Liturgical Press, 1996), chap. 5, "From Adult to Infant Baptism." 보쉬가 어거스틴 이후 "세례의 실행이 개인의 신앙 적용보다 더 중요시되는 경향이 있었다"(360쪽)고 적은 내용이 유아세례를 암시한다고 볼 수도 있다.

33. Kreider, 『초기 기독교의 예배와 복음전도』*Worship and Evangelism in Pre-Christendom*, pp. 13-25.

34. Jeff W. Childers, "Refrigerium," in Encyclopedia of Early Christianity, ed. *Everett Ferguson*, rev. ed. (New York: Garland, 1997), 2:275-76.

35. Everett Ferguson, "Catechesis and Initiation," in *Origins of Christendom*, ed. Kreider, pp. 229-68.

36. Neil B. McLynn, *Ambrose of Milan: Church and Court in a Christian Capital* (Berkeley: Univ. of California Press, 1994), p. 255.

37. Peter Brown, *Authority and the Sacred: Aspects of the Christianisation of the Roman World* (Cambridge: Cambridge Univ. Press, 1995), chap. 2.

38. Boniface Ramsey, O.P., "A Note on the Disappearance of the Good Shepherd from Early Christian Art," *Harvard Theological Review* 76 (1983): 365-78.

39. 더 자세한 내용은 Janes, *God and Gold*, pp. 114-15를 참고하라.

40. George H. Williams, "Christology and Church-State Relations in the Fourth Century," *Church History* 20, no. 3 (1951): 12.
41. 이러한 윤리는 시편 1편이나 『디다케-12사도들의 가르침(대장간)』에서 드러나는 "두 갈래 길" 전통에 속해있다고 볼 수 있다. 크리스텐덤의 주류 전통이 될 내용의 씨앗은 Origen (Hom. *on Numbers* 25.4; *Contra Celsum* 8.21-23)을 포함한 3세기 저자들에게서 찾아볼 수 있다.
42. Edmund Bishop, "Observations on the Liturgy of Narsai," appendix to *The Liturgical Homilies of Narsai*, ed. R. H. Connolly (Cambridge: Cambridge Univ. Press, 1909), pp. 88-93; J. G. Davies, "The Introduction of the Numinous into the Liturgy: An Historical Note," *Studia Liturgica* 8 (1971-72): 216-23.
43. Johannes Quasten, "Mysterium Tremendum: Eucharistische Frömmigkeitsauffassungen des vierten Jahrhunderts," in *Vom Christlichen Mysterium: Gesammelte Arbeiten zum Gedächtnis von Odo Casel, O.S.B.*, ed. A. Mayr, J. Quasten, and B. Neunheuser (Düsseldorf: Patmos, 1951), p. 74; see also Theodor Klauser, *A Short History of the Western Liturgy* (Oxford: Clarendon Press, 1979), pp. 59-63.
44. *Codex Iustinianus* 1.11.10, of 529, in P. R. Coleman-Norton, *Roman State and Christian Church* (London: SPCK, 1966), 3:1048-50.
45. 보쉬는 4세기에 "셀수스 같은 사람은 이제 거론될 수도 없었다."(322쪽)고 밝히고 있으나 이는 사실이 아니다. 리바니우스, 테미스티우스, 심마쿠스와 같은 저명한 이교도 학자들이 4세기에 활동했으며 380년대까지 매력적인 유대교 공동체들이 안디옥을 필두로 활발하게 활동했다. (Wayne Meeks and Robert Wilken, *Jews and Christians in Antioch in the First Four Centuries of the Common Era* [Missoula, Mont.: Scholars Press, 1978]). 이러한 비기독교 대안에 대한 문학적 증거들이 대부분 유실되었다는 사실은 크리스텐덤 전통 중 일부였던 책을 불사르는 행위에 대해 시사하는 바가 크다.
46. Richard A. Fletcher, The Conversion of Europe: From Paganism to Christianity, 371-1386 A.D. (London: HarperCollins, 1997).
47. Wolfgang Wischmeyer, *Von Golgotha zum Ponte Molle: Studien zur Sozialgeschichte der Kirche im dritten Jahrhundert* (Göttingen: Vandenhoek & Ruprecht, 1992); idem, "The Sociology of PreConstantine Christianity," in *Origins of Christendom*, ed. Kreider, pp. 121-52.
48. George W. Horner, ed., *The Statutes of the Apostles; or, Canones Ecclesiastici* (London: Williams & Norgate, 1904), p. 208. 4세기 교회가 전쟁에 대한 가르침을 바꾼 내용에 대해서는 Alan Kreider, "Military Service in the Church Orders," *Journal of Religious Ethics* 31 (December 2003): 415-42을 보라.

49. John Bolt and Richard A. Muller, "Does the Church Today Need a New 'Mission Paradigm'?" *Calvin Theological Journal* 31 (1996): 196-208; Rodney Clapp, *A Peculiar People: The Church as Culture in a Post-Christian Society* (Downers Grove, Ill.: InterVarsity Press, 1996); Stanley Hauerwas, *After Christendom?* (Nashville: Abingdon Press, 1991)을 보라.
50. Murray, *Post-Christendom*; David Smith, *Mission After Christendom* (London: Darton, Longman & Todd, 2002).
51. David Smith는 "우리의 백미러에서 크리스텐덤의 모습이 작아질수록 교회를 처음 세운 사람들의 경험이 우리에게 더 중요해질 것" (*Mission After Christendom*, p. 124)이라고 말하고 있다.
52. Samuel Hugh Moffett, *A History of Christianity in Asia*, vol. 1, Beginnings to 1500 (San Francisco: HarperSanFrancisco, 1992); S. P. Brock, "The 'Nestorian' Church: A Lamentable Misnomer," *Bulletin of the John Rylands Library* 78 (1996): 23-35.
53. 아프리카 일부 지역에서는 "2세기 기독교(이에 더해 3세기, 심지어는 1세기까지도)를 지금도 보고 거기에 참여할 수 있다." (Andrew Walls, "Eusebius Tries Again: Reconceiving the Study of Christian History," *International Bulletin of Missionary Research* 24 [July 2000]: 106).
54. 스리랑카에서 복음을 전하는 선교학자인 Vinoth Ramachandra는 그의 책 *Recovery of Mission* (Carlisle, Eng.: Paternoster Press, 1996)에서 다음과 같이 쓰고 있다. "초기 기독교인들과 겸손하게 대화를 나누면 20세기 말 다양한 세계관과 이념들이 주는 도전에 응할 수 있는 자원들을 발견할 수 있을지 모른다. 또한 예수 그리스도의 온전함과 급진성을 나타내게 될 것이다."(p. 282) 뛰어난 가나 신학자가 초기 기독교 저자들과 현대 아프리카 사회 사이의 대화를 어떻게 사용하는지 궁금하다면 Kwame Bediako, *Theology and Identity: The Impact of Culture upon Christian Thought in the Second Century and in Modern Africa* (Oxford: Regnum Books, 1992)를 보라.
55. Philip Jenkins, *The Next Christendom: The Coming of Global Christianity* (New York: Oxford Univ. Press, 2002)를 보라.

'그들은 우리의 언어를 가져갑니다'

미국 남부 조지아주에 있는 코이노니아 농장Koinonia Farm에서 부활절 새벽 모임에 참석한 적이 있다. 인간 취급 못 받던 사마리아인을 똑같이 형제자매로 대하신 예수님의 뜻을 따라 인종차별이 극심하던 1942년 흑인과 백인이 동등하게 살기 시작한 곳이다. 모임의 인도자가 사회 운동을 하는 지인이 보낸 이메일을 읽어주었다. 여러 뜻있는 사람들이 오랫동안 함께 싸워온 가치들이 너무나 쉽게 희화화되고 변질하는 것에 절망감을 느낀다고 했다. 예를 들어 '페미니즘' 하면 옛날에는 여성 인권을 위해 목숨을 걸고 싸우는 투사들이 떠올랐으나 요즘은 이기적이고 비상식적인 사람을 지칭하는 비속어가 먼저 생각난다. 그 지인의 표현을 빌리자면 악한 세력은 우리가 지키려고 애쓰는 숭고한 가치들을 담은 페미니즘이란 단어를 빼앗아 형편없이 더럽혀버렸다. 언어를 잃은 우리는 시간이 흐를수록 그 안에 담긴 가치도 서서히 잊어간다.

'믿음'이란 단어는 어떠한가? 예수 믿는다는 것이 내 삶을 송두리째 바꾸는 결정일 때가 있었다. 약 100년 전 기록을 보면 예수 믿고 회심해서 노비 문서를 불태우고 전답을 팔아 그렇게 풀어준 노비들 손에 쥐여주던 사람들이 있었다. 지금은 신앙을 이유로 서로 정반대의 행동을 하는 사람들을 어디서든 쉽게 찾아볼 수 있다. 즉, 믿음은 이제 아무런 의미가 없는 단어가 되어버렸다. '교회', '예배', '전도', '선교'도 마찬가지다.

'머리에서 손은 참 멀다. 눈에서 손은 아주 가깝다.'

잃어버린 언어를 찾아오려면 단어가 담고 있던 가치와 그 실제 모습을 복원해야 한다. 원래 무슨 뜻이었는지 배우고, 그게 지금 내가 사는 세상에서 어떤 의미인지 상상한다. 그리고 그대로 살아내면 비로소 그 가치가 지금 여기서 다시 존재하게 된다. 그런데 이 작업은 몹시 어렵다. 살면서 꿈을 현실로 바꿔본 경험이 몇 번이나 되는가? 새해 다짐을 끝까지 지켜본 적은 있는가? 생각에서 행동으로 가는 길은 참 지난하다. 그런데 한번 눈으로 보고 나면 생각보다 금방 가기도 한다. 우리는 모두 부모가 가르치는 대로 살기보다는 부모가 사는 모습대로 따라 살아왔다.

제대로 예수를 믿고 싶은 사람이라면 변질되기 전의 믿음을 가진 사람들을 직접 두 눈으로 볼 필요가 있다. 그런데 그런 사람은 찾기도 힘들고, 보러 가기는 더 어렵다. 차선은 그런 사람들의 구체적인 삶에 대해 읽어보는 것이다. 여기서 명심할 것은 그들의 말이 아닌 그들의 삶을 접해야 한다는 점이다. 알렌 크라이더는 신학자가 아닌 역사학자답게 1~3세기 기독교인들이 살아간 모습을 기록했다. 그들이 살아간 사회에서 그리스도인이 된다는 것이 어떤 의미였는지 보여주고, 예수를 믿는 사람들이 어떻게 교회를 이루고 예배를 드리고 전도를 하고 선교에 성공했는지를 다양한 역사적 기록을 통해 풀어내고 있다. 많은 사람은 '초대교회'를 어떤 일시적 현상으로 조망하지만 크라이더는 예수 이후 약 300여 년이라는 짧지 않은 기간 동안 '초기 기독교'가 성장하고 또 변화해간 과정을 입체적으로 보여준다.

청년 물고기 두 마리가 길을 가다 어르신 물고기와 마주쳤다.
"젊은이들, 오늘 물이 참 좋지?"
계속 헤엄쳐 가다 말고 청년 물고기 한 마리가 친구에게 물었다.
"그런데 물이 뭐야?"

작가 데이비드 포스터 월리스는 이 우화를 통해 삶을 규정하는 거대 조건들에 대해 우리는 얼마나 무지한지, 또 우리가 당연하다고 생각하는 상황에 질문을 던져보는 것이 왜 필요한지를 이야기한다. '현실적으로 이 정도면 잘 믿는 거'라고 이야기할 때 그 현실은 정말 어쩔 수 없는 것인지 한 번쯤 질문해본다면 어떨까? 비슷한 현실 속에서 다르게 생각하고 행동한 사람들이 있다면 나는 어떻게 반응할까?

『초기 기독교의 예배와 복음전도』와 『선교의 변질』의 원제에는 모두 '크리스텐덤'이라는 단어가 등장한다. 저자는 크리스텐덤만큼 '예수 믿는다'는 개념을 변질시킨 요소는 없다고 설명하고 있다. 무얼 믿고 어떻게 살아야 할지 고민하는 그리스도인이라면 이 책을 읽고 내가 여전히 크리스텐덤이라는 물에서 헤엄치고 있지 않은 지 돌아보기를 권한다. 그리고 그 물에서 갓 벗어나 버둥거리고 있는 분이라면 이 책을 친구처럼 곁에 두기를 바란다. 크리스텐덤 이전에 펄펄 살아 숨 쉬던 믿음의 선배들에 대한 기록이 광야를 향해 새롭게 발걸음을 떼는 그대에게 말 그대로 생명의 물이 되어줄지도 모른다.

고학준